Mais feliz que Deus

Mais feliz que Deus

TRANSFORME SUA VIDA NUMA
EXPERIÊNCIA EXTRAORDINÁRIA

Neale Donald Walsch

TRADUÇÃO DE
Andréa Rocha

1ª reimpressão

EQUILÍBRIO

Do original
Happier than God

Copidesque
Daniela Canedo

Revisão
Patricia Reis
Maryanne Linz

Produção editorial
Juliana Romeiro

CIP-Brasil. Catalogação-na-fonte. Sindicato Nacional dos Editores de Livros, RJ.

W19m Walsch, Neale Donald
Mais feliz que Deus: transforme sua vida numa experiência extraordinária / Neale Donald Walsch; tradução André Rocha. — Rio de Janeiro: Agir, 2009.

Tradução de: Happier than God
ISBN 978-85-220-0845-2

1. Técnicas de auto-ajuda. I. Título.

CDD: 158.1
08-4423 CDU: 159.947

Rua Nova Jerusalém, 345 — CEP 21042-235 — Bonsucesso — Rio de Janeiro — RJ
Tel.: (21) 3882-8200 fax: (21) 3882-8212/8313

Deus me disse para contar isso a você:

Nada precisa ser consertado;
tudo pede uma Celebração.
Você foi feito para se curvar
de forma a poder descobrir
cada um dos muitos Milagres
aos seus pés.
Você foi feito para se elevar
de forma a poder encontrar
Sua Própria Bela Imagem do Céu

logo acima

de tudo o que você pensa que deve suportar.

Quando rogo a Deus
que fale comigo,
estou me sentindo tão pequena
e sozinha
quanto você.
Mas é nesse momento,
sem qualquer motivo,

que começo a *brilhar.**

* Tradução do poema "Shine", © 2007-2008 m. Claire.

Sumário

Comecemos com uma palavra de gratidão:

Obrigado, Deus. Obrigado por este livro, por esta vida e pelo milagre deste momento. Obrigado por tudo o que já me aconteceu, pelo que está acontecendo agora e pelo que sempre acontecerá. Porque tudo isso produziu a perfeição deste próximo instante e a glória de Quem agora serei.

Ótimo. Agora, escreva a data de hoje na folha de rosto. Você vai querer se lembrar deste dia, porque está prestes a receber uma fórmula para toda a vida, capaz de mudar tudo.
A não ser que não mude.

E este é o dia em que você vai tomar essa decisão...

CAPÍTULO 1

Neste momento você está testemunhando um mecanismo extraordinário

A Vida foi feita para sermos felizes. Você acredita nisso? É verdade. Sei que pode não parecer quando você olha à sua volta, mas é verdade. A vida foi feita para sermos felizes.

Você existe para ser feliz. E se por acaso você *é* feliz, deveria ser ainda mais. Mesmo que você já seja *muito* feliz, pode ser ainda mais.

Quanto mais? Exatamente *quão* mais feliz você pode ser? Bem... você pode ser *mais feliz que Deus*.

Certa vez ouvi uma senhora descrever um cavalheiro muito rico. Ela disse: "Ele tem mais dinheiro do que Deus!" É isso que quero dizer. Minha intenção é usar o superlativo absoluto.

As palavras que escolhi também foram usadas no sentido literal. O que quero dizer é exatamente o que as palavras estão dizendo. Uma comparação como essa provoca muitas perguntas. Será que isso significa que Deus chega a *vivenciar* a tal da "felicidade"? (Sim.) Será que isso significa que Deus vivencia a *in*felicidade? (Não.) Se podemos ser *mais felizes que Deus*, será que isso significa que existimos independentemente de Deus? (Não.) Então como é possível?

Bem, existe uma *fórmula* por meio da qual você pode ser *mais feliz que Deus*. Todos os místicos a conheceram, a maior parte dos mestres da sabedoria mística também; alguns mensageiros espirituais contemporâneos a conhecem, mas, ao longo dos séculos, tornou-se uma espécie de "fórmula misteriosa"... porque não se fala muito nela. Não mesmo.

Por quê? É simples. Os mestres e mensageiros espirituais podem até falar com as pessoas, mas, entre elas, muito poucas têm sido capazes de acreditar no que a "fórmula misteriosa" é capaz de produzir. E quando você trata de questões em que ninguém acredita, pode se tornar muito impopular.

Então, mesmo nos dias de hoje, quando se supõe ser um tempo de iluminação espiritual e intelectual, não são muitos os mestres e mensageiros espirituais que revelam essa fórmula, ainda que a conheçam. Quando falam sobre ela é unicamente para revelá-la pela metade. A maioria deles mantém em segredo o restante, a metade mais emocionante. Sendo assim, o que temos aqui é uma verdade espantosa, mas *você não conhece nem a metade dela.*

De que vale uma verdade se ela não é completamente revelada? Não vale nada, é claro. De fato, uma verdade apenas pela metade pode até ser desorientadora, perigosa. Então, aqui vamos falar a verdade, toda a verdade, e nada mais do que a verdade. Vamos começar refletindo sobre o motivo pelo qual você está segurando este livro e, quando terminarmos, teremos descrito um mecanismo extraordinário.

Tudo bem? Ótimo. Aí vai.

Pergunte a você mesmo por que escolheu este livro.

Não se preocupe. Eu mesmo respondo. Você escolheu este livro *num impulso.*

E de onde veio esse impulso?

De você. Veio de você.

Por quê? Por que esse impulso se originou em você? O que fez com que isso acontecesse? E de que *parte* sua ele veio?

Essas respostas ocupam a maior parte deste livro — e são extremamente interessantes. Mas, antes de abordá-las, vamos passar para uma pergunta ainda mais importante: Como é possível que este livro tenha vindo parar aqui — bem *aqui*, onde você está, exatamente *agora* — a ponto de chegar a vê-lo e, quem sabe, ter um impulso *a respeito*?

Ah, essa sim é a *pergunta-chave*. Se você soubesse a resposta para *essa* pergunta, poderia mudar toda a sua vida.

Aqui está a resposta para essa pergunta. Prepare-se para mudar toda a sua vida.

Simplesmente "aconteceu" que este livro estivesse aqui, bem *aqui*, exatamente *neste momento*, porque *você o colocou aqui.*

Você *fez com que* ele estivesse aqui.

Muito bem, aqui vamos explorar muitos aspectos que testam os limites da credulidade, por isso você vai ter que ficar ao meu lado. Já expliquei que até mesmo os mensageiros espirituais contemporâneos não estavam saindo a campo e revelando essa fórmula a vocês porque bem poucas pessoas são capazes de acreditar nela, não foi? Então agora você precisa decidir. Quer estar entre os que não acreditam? Ou quer ultrapassar essas fronteiras? Quer explorar de verdade? Quer ir além dos limites das nossas idéias e interpretações atuais?

Se é isso o que você quer, continue virando estas páginas e não saia daí.

Você fez com que este livro estivesse aqui, bem aqui, neste exato momento. Pode não parecer que foi você quem fez isso, mas foi.

Como?

Com física quântica.

É comum as pessoas usarem física quântica sem se darem conta. Isto é, sem estar *conscientemente a par disso.*

A física quântica (se achar que essa é uma expressão muito mirabolante, leia apenas como *ciência*) diz que "nada do que seja observado deixa de ser afetado pelo observador". Se isso é verdade (e é), então você teve um papel em tudo o que está acontecendo agora, da maneira exata como está acontecendo. A única pergunta é se você fez isso conscientemente ou não, intencionalmente ou não, premeditadamente ou não. Mas você de fato fez, posso lhe assegurar.

Você atraiu este livro para junto de si, fez com que você mesmo ficasse ciente dele e agora o está lendo — tudo por conta de um profundo desejo seu de ser mais feliz.

Este livro passou pelo meu teclado, foi para a minha editora, para a livraria e chegou até as suas mãos de uma maneira que não tem nada a ver com acaso, coincidência ou casualidade.

Nada disso aconteceu por sorte.

Então fique feliz. Você acaba de testemunhar o mecanismo mais extraordinário do Universo. Você acaba de testemunhar o *Mecanismo da Manifestação.*

Deixe-me dizer isso de outra maneira. Você acaba de testemunhar...

... *Deus, em ação.*

(E se isso não o fizer feliz, nada será capaz de fazer.)

CAPÍTULO 2

A inquietante verdade que vai surpreender o mundo

Ao longo deste livro, você vai receber muitas dicas a respeito de como se tornar mais feliz. Vamos falar de medidas específicas que você pode tomar para trazer paz à sua mente, amor ao seu coração e alegria à sua alma — sem deixar que tudo isso escape depois.

Por mais intrigantes que essas medidas possam ser, não vamos discuti-las agora. Elas serão muito mais bem compreendidas e, portanto, muito mais poderosas como ferramentas, se forem compartilhadas num contexto mais amplo.

Fora desse contexto essas medidas poderiam parecer-se com tantas outras "sugestões para uma vida melhor", e este poderia dar a impressão de ser apenas mais um livro de "auto-ajuda". O que não é absolutamente o caso. *Este livro oferece uma explicação completa de Como a Vida Funciona.* Ele pode transformar a vida comum numa experiência extraordinária.

Depois dessa explicação, tais medidas ganharão vida e significado. Então, em primeiro lugar, vou falar sobre o Processo da Criação Pessoal, sobre os grandes Princípios da Vida e sobre a Verdade não Dita.

Nos anos 1960 um adesivo de pára-choque tornou-se muito popular. Nele havia a seguinte pergunta: DEUS ESTÁ MORTO?

A idéia por trás da pergunta era a de que a humanidade evoluíra de tal maneira e a tal velocidade que talvez tivéssemos tornado Deus irrelevante. E isso tem sido reforçado nos últimos anos com o surgimento do conceito de "Lei da Atração", ou seja, a suposta habilidade que os indivíduos têm de *criar sua própria realidade* sem usar nada além de "pensamento positivo" e "intenção focada".

Eu sei, é claro, que Deus não está morto. E a maioria das pessoas concorda comigo. As pesquisas mostram que em todos os países e culturas, a maioria das pessoas acredita num poder maior que elas mesmas.

No entanto, se nós, humanos, podemos obter e adquirir qualquer coisa que quisermos na vida usando nosso próprio poder, qual a utilidade de um poder maior? Qual seria a sua função? Qual seria o seu propósito?

A conclusão impressionante a que muitas pessoas estão chegando, especialmente se considerarmos que a forma do "Caminho Fácil para a Felicidade" está sendo ensinada em alguns círculos hoje em dia, é a de que nós não precisamos mais de Deus.

Agora vou revelar algo que, se você acredita em Deus, vai deixá-lo muito feliz. Mas não a princípio. Inicialmente, o que vou revelar pode fazer com que muitos de vocês tenham vontade de largar este livro neste exato momento. Não façam isso, porque vão perder a parte que vão adorar.

(Se você não acredita em Deus de maneira alguma, vai considerar o que direi a seguir no mínimo intrigante. Então não saia daí!)

É verdade.

Nós não precisamos mais de Deus.

De fato, nunca precisamos de Deus.
Não precisamos de Deus para nada.

Essa é a inquietante verdade que vai surpreender o mundo. É a Verdade Não Dita que ninguém quer pronunciar. Entretanto, essa não é toda a Verdade Não Dita. O resto dela tem a ver com o *porquê* de não precisarmos mais de Deus para o que quer que seja.

CAPÍTULO 3

A promessa em que poucos conseguem acreditar; a verdade que poucos conseguem aceitar

Não precisar de Deus não é o mesmo que não dar qualquer utilidade a Deus.

Quero dizer isso duas vezes porque é muito importante para ser atenuado. Eu disse: *Não precisar de Deus não é o mesmo que não dar qualquer utilidade a Deus.*

Na verdade, é justamente porque temos uma *utilidade* extraordinária para Deus que não temos *necessidade* Dele.

Como podemos "necessitar" de algo que sempre temos, que não podemos *não* ter sob nenhuma circunstância, que sempre podemos usar, e que não podemos *não* usar, não importa o quanto sejamos capazes de negar que usamos?

Você não pode *não* ter Deus em sua vida, como parte da sua vida, e isso é algo em que muitas pessoas não conseguem acreditar. Elas não conseguem acreditar na mais elevada promessa de Deus: *Estarei sempre com vocês, até o fim dos tempos.*

Você não pode *não* usar Deus, mesmo que negue que esteja usando, e isso é mais uma premissa em que muitas pessoas não conseguem acreditar. Elas não conseguem aceitar a mais poderosa verdade ensinada por todas as religiões, cada qual a seu próprio modo:

Peça e será atendido.

Como as pessoas não conseguem aceitar essa verdade, elas interpretam *de maneira completa e inteiramente errada a fórmula* através da qual podem criar o que desejam para suas vidas.

Eu chamo essa fórmula de Processo da Criação Pessoal — aquilo que algumas pessoas chamam de Lei da Atração — e isso *não* torna Deus obsoleto, mas justamente o contrário. Isso torna nossa experiência de Deus mais presente, mais relevante e mais real do que nunca.

CAPÍTULO 4

As novas boas-novas

Todas as grandes verdades começam como blasfêmias.

Isso foi dito de forma memorável por George Bernard Shaw, e ele estava certo. Sua afirmação explica por que tantas grandes verdades devem ser introduzidas com a máxima delicadeza, vozes suaves e as próprias verdades atenuadas.

Entretanto, chega um tempo quando elas não podem mais ser atenuadas — começam a borbulhar até a superfície da vida e então explodem em toda a sua glória. Esses são tempos importantes para a humanidade, porque é por meio de tais explosões de grandes verdades que nossa espécie evolui.

Considere a idéia de que você pode ser *mais feliz que Deus.*

Que conceito! É revolucionário! Então muitas pessoas têm resistido a ele. Há anos elas vêm fazendo pressão contra esse pensamento, negando-o e tachando-o de "errado".

Sim, as pessoas — e, ironicamente, as religiões — têm considerado que é *errado ser até mesmo um pouquinho feliz*, quanto mais ser mais feliz que Deus. (Bem, talvez elas não tenham tachado de errado a felicidade, apenas estabeleceram que não é certo fazer a maior parte das coisas que *deixam* você feliz.)

Muitas pessoas acreditam que a vida foi feita para ter bastante dor. O sofrimento deveria ser "ofertado" a Deus. Deveria ser tolerado em silêncio. E isso renderia pontos para você no céu.

Nossa cultura adotou essa idéia de tal maneira que algumas pessoas não *querem* ser felizes o tempo todo. Quando você fala a respeito de como pode ser *mais feliz que Deus* elas ficam nervosas, desconfortáveis. Dizem que você está sendo "irrealista", e que pode até mesmo estar "metido com o demônio".

Essas pessoas vão lhe dizer que a vida *foi feita* para sermos infelizes. Que a vida é uma provação. É uma escola. "Sem sacrifício não há recompensa", e coisas do tipo. Um grande número de indivíduos acredita nisso. Quando você diz a eles que a vida *nunca* foi feita para sermos infelizes, que ninguém jamais tem de ser infeliz, eles olham para você de um jeito enviesado. Não sabem o que fazer disso. Não sabem para onde ir com isso. Muitas vezes até dirão para onde *você* deve ir com isso...

Sim, isso é uma blasfêmia, essa idéia de que você pode ser *mais feliz que Deus.* No entanto, é verdade. Não é bom demais para ser verdade, é bom demais para *não* ser verdade.

A Boa Notícia é que você não tem de passar pelo inferno para chegar ao céu.

Você ouviu? Que isso seja gritado do alto de cada telhado! Que seja ouvido de cada púlpito e atril. Que a notícia se espalhe a partir deste momento e deste lugar: *a felicidade é o seu estado natural de ser,* e você pode ocupar esse espaço o tempo todo. Você nunca mais precisa ser infeliz de novo.

Isso não significa que você nunca mais ficará triste, mas tristeza e infelicidade não são a mesma coisa. Vamos explorar isso aqui, à medida que nos aprofundarmos nas maneiras como você pode ser feliz o tempo *todo*.

Sou feliz o tempo todo? Não. Estaria mentindo se dissesse que sim. Sou feliz por mais tempo que nunca? Sim. E estou começando a ter a impressão de que essa é a *maior parte* do tempo? Sim. Se realmente acho que posso ser feliz o tempo *todo*? Sim.

E você pode ser também. Você pode ser *mais feliz que Deus.*

Nada disso envolve materialismo, ou um comportamento do tipo "primeiro eu". Na verdade, a fórmula não funciona assim. Ela de fato permite que você crie qualquer coisa e tudo o que quiser. Sei que isso soa como materialismo, mas uma vez conhecida *toda* a fórmula, uma vez ouvida toda a Verdade Não Dita, você enxergará isso com clareza.

Então comecemos com uma verdade básica e, depois, chegaremos à verdade *por trás* da verdade... mais daquela *Verdade Não Dita.*

A verdade básica foi dada a você nas sete primeiras palavras deste livro.

A vida foi feita para sermos felizes.

Já perguntei a você e vou perguntar outra vez: Você acredita nisso? Se não acredita, então a vida não vai ter escolha a não ser se desenrolar de acordo com a sua não-crença. Não se surpreenda se você for infeliz durante grande parte do tempo e mais do que desejaria. No entanto, se você acredita que a vida foi feita para sermos felizes, assim será.

Agora você pode estar pensando: *É mesmo? Então como é que se explica toda a dor no mundo e todo o sofrimento?*

É uma pergunta pertinente. E, até o fim deste livro, você terá uma resposta. Mas neste momento, só por agora, por favor, concentre-se na afirmação de sete palavras com a qual este livro teve início. Vamos ver se ela pode ser acolhida ao menos como uma *possibilidade.*

CAPÍTULO 5

Quando ver não é crer

Estou dizendo que *acreditar* na possibilidade de sua vida ser feliz a maior parte do tempo *pode torná-la feliz.* Contudo, isso é notícia velha. Todos já ouvimos isso antes.

Este livro trata do que você ainda *não ouviu.* Diz respeito a uma verdade ainda maior, que está por trás dessa. Uma verdade tão grande, tão... como posso me expressar?... *alheia à nossa experiência e a tudo o que nos ensinaram...* que, como já salientei duas vezes, muitas pessoas não conseguem acreditar nela, mesmo quando a *vêem.* Quando essa verdade ganha vida bem diante de seus olhos, *essas pessoas a atribuem a alguma outra coisa.*

Existe um velho ditado que diz "ver para crer", mas me deixe contar-lhe a respeito do Navio de Magalhães.

Fiquei sabendo disso por intermédio do meu querido amigo Stephen Simon, produtor e diretor dos filmes *Conversando com Deus* e *Índigo,* e co-produtor de *Amor além da vida.*

Como Stephen explica, Fernão de Magalhães e seus homens exploraram muitas ilhas, sem encontrar qualquer resistência dos nativos que viviam nelas. Aqueles indivíduos poderiam muito bem ter pulado em suas canoas e atacado com força total os marinheiros que pareciam intrusos perigosos. Em vez disso, deram boas-vindas a eles de braços abertos. A razão? Quando sentinelas nativos avistaram pela primeira vez o navio de Magalhães, *não sabiam para o que estavam olhando.*

Eles nunca tinham visto nada tão grande e majestoso transportando pessoas sobre a água. As embarcações gigantescas, com seus mastros enormes e suas velas infladas, estavam tão além dos limites da experiência dos nativos que eles sequer tinham um ponto de referência a partir do qual pudessem começar a imaginar o que eram aqueles barcos. Assombrados, deixaram suas canoas, baixaram suas lanças e receberam Magalhães e seus homens como se fossem deuses.

Segundo Stephen, essa é a Síndrome do Navio de Magalhães. Esse fenômeno ocorre quando aquilo que vemos é tão distante de nossa realidade que não sabemos como interpretar essa imagem.

Bem, a Verdade Não Dita à qual tenho me referido aqui é tão distante de qualquer coisa que a maioria de nós já aprendeu ou ouviu falar que, mesmo quando provoca mudanças em nossas vidas e se manifesta diretamente, bem diante do nosso nariz, *não sabemos o que estamos olhando.* Vemos uma coisa e chamamos de outra.

Vemos o resultado da Verdade Não Dita e o chamamos de produto da coincidência, descoberta fortuita, acidente, acaso... ou apenas sorte estúpida.

Na realidade, nada terá sido "estúpido" a respeito disso, mas justamente o oposto: uma obra da mais elevada inteligência do Universo.

CAPÍTULO 6

A mais importante pergunta já feita

A emocionante viagem da mente que vem a seguir pode muito bem ser a exploração mais importante que você vai empreender em sua vida. É por isso que você trouxe a si mesmo até aqui. É por isso que teve o impulso de escolher este livro. Tudo aqui você já sabe. Só não sabe que sabe. Ou talvez saiba e apenas esteja com dificuldade de lembrar. Talvez até se lembre, mas tenha dificuldade em *aplicar.*

Se você se encaixa em alguma dessas categorias, vai se beneficiar enormemente da clareza que alcançará aqui:—usar o *Mecanismo da Manifestação* para *contar* a você mesmo a respeito do *Mecanismo da Manifestação.*

Esse mecanismo é o que vamos explorar. Em meu vocabulário próprio, chamo isso de "o poder por trás da Criação Pessoal". Tem a ver com a maneira *como as coisas acontecem.* Tem a ver com a maneira como a realidade *se torna* realidade.

Já mencionei anteriormente o que alguns de vocês agora devem estar pensando: "Oh, *esse* negócio. É, já ouvi falar disso tudo. Eles não acabaram de fazer um filme sobre o assunto?"

Eles fizeram sim. Mas praticamente não abordaram a Verdade Não Dita. Como sempre acontece em discussões sobre manifestação e criação, essa verdade por trás da verdade por muito pouco não se perdeu, porque mal se falou nela. Ora, quem quer ser marginalizado como um blasfemador?

Mas já é tempo de falarmos dessa verdade escondida. Estou me referindo a todos nós, não apenas a alguns; todos os autores espirituais, mestres, palestrantes e mensageiros dispostos a abordar a questão de Como a Vida Funciona.

Uma coisa é dizer que todos nós podemos ser felizes, que todos nós podemos vivenciar seja lá o que for que escolhamos na vida, e que todos nós temos o poder de criar nossa própria realidade, *mas outra coisa é nos dizer por quê.*

Já ouvimos muito a respeito de *como* a Criação Pessoal funciona, já ouvimos muito a respeito da *maneira* como funciona, mas nada a respeito da *razão* pela qual ela funciona.

Isso provocou muitas perguntas — e uma em particular que pode muito bem ser a mais importante de todos os tempos.

Muitas vezes ouvi essa pergunta em minhas palestras e retiros de renovação espiritual. Outros mensageiros já a ouviram também, tenho certeza. E agora ela está sendo feita na televisão para todo o mundo.

Quando essa pergunta for respondida de forma plena, você saberá como ser *mais feliz que Deus.*

Durante uma exibição do *The Oprah Winfrey Show*, em fevereiro de 2007, uma pessoa da platéia fez essa pergunta e quase parou o programa. Naquele dia, falava-se de um filme que andava atraindo muita atenção, e que tinha a ver com a chamada “Lei da Atração”. Essa “lei” é um fenômeno que foi descrito em livros, programas, aulas, palestras, declarações e sermões de muitos mestres e mensageiros ao longo dos séculos. Em seu programa, Oprah usou as seguintes palavras para descrever este grande princípio da vida:

"Este princípio diz que a energia, os pensamentos e os sentimentos que você gera no mundo, tanto bons, quanto maus, são exatamente o que está sempre voltando para você... então você tem a vida que *você* mesmo criou. Há anos tenho falado a respeito disso neste programa..."

Os convidados de Oprah presentes no estúdio estavam cada vez mais entusiasmados em usar pensamentos e sentimentos positivos de forma consciente e calculada, a fim de promover resultados desejados em suas vidas, como é descrito no filme *O Segredo*. Foi então que Oprah chamou uma mulher da platéia que, segundo a apresentadora, tinha "uma pergunta para a qual muitos desejavam uma resposta".

A mulher levantou-se e disse:

"Meu marido e eu somos cristãos, e nossos filhos são cristãos. Ensinamos nossos filhos a depositar a fé deles em Deus, e, ao que parece, *O Segredo* ensina você a depositar sua fé em você mesmo. Daí fiquei pensando onde é que Deus entra nisso."

Oprah achou que essa era uma boa pergunta, e posso entender por quê. Desde a infância, a maioria de nós aprendeu que Deus é Aquele para quem podemos nos voltar se precisarmos de ajuda, ou se desejarmos algo muito importante.

Não foi assim que milhões de nós fomos treinados? Não importa qual seja a cultura ou a religião, se uma pessoa acredita em alguma Divindade, não é esse um dos mais importantes papéis que a Divindade desempenha? Não é Deus o provedor de todas as coisas boas?

No entanto, o que dizer da dramática alegação presente em alguns ensinamentos e escritos de que se precisamos de um milagre, desejamos uma saúde melhor, queremos mais dinheiro, ansiamos por um companheiro perfeito, buscamos um meio de sustento honesto ou apenas desejamos uma vida melhor, tudo o que temos que fazer é usar o poder que se encontra dentro de nós, "dizer nossa palavra", e tudo aquilo por que ansiamos será nosso?

Devemos perguntar de novo: onde é que Deus se encaixa em tudo isso? Se o que foi dito antes — que não "precisamos" de Deus porque Deus está sempre conosco — é verdade, então *como é que Deus se encaixa nisso tudo?* Qual é o papel de Deus no Processo da Criação Pessoal?

CAPÍTULO 7

Obra do demônio ou obra de Deus?

Para entender como a Criação Pessoal *aumenta* em vez de *diminuir* o papel de Deus em nossas vidas, devemos saber tudo o que existe sobre o *Mecanismo da Manifestação.* Devemos ter esse mecanismo totalmente esclarecido dentro de nós, assim como os princípios da vida que o sustentam.

Na verdade, o Processo da Criação Pessoal consiste em três fenômenos interagindo como Um. O primeiro fenômeno tem a ver com Deus, o segundo com você e o terceiro tem a ver com você e Deus juntos.

Outra maneira de descrever isso seria dizer que a Parte Um da "fórmula misteriosa da vida" é o *Eu Sou*, a Parte Dois é o *Você É* e a Parte Três é o *Como.*

O fato de que esses três aspectos não são perfeitamente compreendidos pela maioria das pessoas é o motivo pelo qual o princípio da "atração" tem sido chamado de "segredo".

Algumas pessoas disseram que tentaram usar esse princípio e o consideraram ineficaz, decepcionante e desencorajador. Acredito que isso tenha acontecido, pois as pessoas estão trabalhando com apenas parte dos dados.

Outras não querem nem saber de atração ou Criação Pessoal, não importa quantos dados tenham, porque sentem que na verdade tudo isso pode ser "mau" — obra de um demônio que busca nos afastar da nossa confiança em Deus por meio da sedução dos nossos egos com idéias sobre nosso próprio poder.

E os religiosos conservadores não são os únicos que, assustados, podem se manter afastados desse processo. A lista inclui muitos daqueles que estão apenas procurando viver centrados em Deus e vivenciar uma relação pessoal com o Divino (seja dentro ou fora de uma religião tradicional). Nem todas essas pessoas devem se sentir confortáveis com a alegação de que elas mesmas são as únicas encarregadas de criar suas próprias realidades.

Há também os racionalistas não religiosos que acreditam que o que não pode ser explicado por evidência, razão e lógica é *irracional* e só pode levar ao auto-engano.

O fato é que nada relativo à Criação Pessoal é mau *ou* irracional. Mas, como eu disse, muitos aspectos a respeito desse processo não foram suficientemente explicados.

Até agora.

CAPÍTULO 8

Uma ferramenta de dois cabos

Como cada vez mais pessoas em todo o mundo estão explorando a possibilidade de que elas mesmas tenham o poder de criar intencionalmente seja lá o que for que escolham criar, penso que será incrivelmente benéfico reservar um instante e olhar para...

1. *Por que* a Criação Pessoal funciona.

2. *Em que* mais podemos usá-la, além de conseguir para nós mesmos mais dinheiro, casas maiores, carros novos e mais jóias reluzentes.

3. *De que maneira* a Criação Pessoal é compatível com toda a dor e sofrimento no mundo, e como pode ser eficaz para aliviar essa dor.

Pessoal, estamos falando agora a respeito de poder. Estamos falando de uma quantidade enorme de poder. Mas tanto já foi dito e escrito a respeito desse poder que quando comecei a imaginar este livro me peguei pensando: Será que este texto é mesmo necessário? Será que vai ser de fato proveitoso?

Então, justamente quando estava prestes a desistir do projeto, vi, por acaso, num site de venda de livros, uma opinião crítica de um leitor sobre o modo como o "pensamento positivo" e a Criação Pessoal são ensinados por algumas pessoas.

Tal leitor disse, em parte, o seguinte:

Há anos me interesso pelo poder da mente... (mas) fico muito incomodado com o aspecto "fique rico"... aquela história de que nós precisamos apenas focar o pensamento em ter um carro novo, dinheiro e mansões e isso vai acontecer. Algumas das minhas grandes lições em gratidão vêm da percepção de que agora tenho o suficiente.

Acredito que deveríamos usar nossos pensamentos positivos para encontrar significado na existência que já temos e também para enriquecer nossas vidas espirituais. Sem dúvida, pensar positivo e acreditar que você é merecedor de amor e de abundância vai prepará-lo para receber mais da mesma coisa, mas não é algum tipo de feitiço mágico e não é um segredo...

O pensamento positivo pode ajudá-lo a visualizar o próprio sucesso e deixá-lo aberto a novas experiências, mas não vai magicamente pagar suas contas.

A parte mais ofensiva da mensagem é, disparado, a sugestão de que as pessoas que têm dor em suas vidas estão de certa forma atraindo essa dor com seus pensamentos. As vítimas de estupro em Darfur não pediram isso. Crianças que são molestadas não pediram isso. Africanos esfomeados não pediram isso.

Sugerir que o "pensar incorreto" dessas pessoas seja a causa disso é repugnante...

Fiquei impressionado ao me deparar com essas palavras justamente quando estava prestes a abandonar este livro por considerá-lo uma má idéia. Era como se o Universo estivesse gritando para mim: *Não abandone o livro!* Naquele momento soube que grande parte do aspecto mais importante e maravilhoso da vida ficaria sujeito a mal-entendidos, interpretações erradas e noções equivocadas se eu desistisse do projeto.

Há quem diga que a maneira como a Criação Pessoal é ensinada atualmente tirou um presente maravilhoso de dentro do baú de um tesouro sagrado e colocou-o na vitrine de uma loja. Essas pessoas dizem que a promoção da "atração" e da "manifestação" como um meio de enriquecimento pessoal e de satisfação de desejos pessoais poderia, de fato, levar as pessoas a um lugar de abundância material, mas também deixá-las na pobreza espiritual.

Por mais que eu saiba que a maioria dos mestres contemporâneos da teoria da criação vem de uma base muito espiritual, acho que todos nós precisamos ouvir essa crítica e não simplesmente considerá-la inválida.

Acho que precisamos acrescentar mais conteúdo às nossas comunicações sobre o Processo da Criação Pessoal, de modo que aqueles que nos ouvirem falar possam passar para um estado de uma consciência mais rico, mais completo e mais profundo.

Aqui está um pouco do conteúdo que eu gostaria de acrescentar: a Criação Pessoal (e a Energia da Atração que é tão essencial a ela) é um produto do Amor Divino.

A Criação Pessoal diz respeito ao *poder que a vida tem de produzir mais vida.* Diz respeito a poder, puro e simples. O poder de mudar sua vida.

A "atração" é presente de uma divindade benevolente e compassiva. É uma ferramenta de dois cabos — um nas mãos de Deus e outro nas suas.

Agora mesmo essa ferramenta está em suas mãos. O que você pensa dessas palavras neste exato lugar, neste exato momento, vai dar poderes a elas ou enfraquecê-las e vai dar poderes a você ou enfraquecê-lo.

Seus pensamentos a respeito deste exato parágrafo vão criar sua experiência a partir dele. Se você acha que isto é absurdo, então na sua realidade isto *será*. Se você acha que isto é verdadeiro, então na sua realidade isto *será*. É simples assim.

Suas idéias a respeito do restante deste livro, e a respeito da Energia da Atração, não serão diferentes. Esse princípio é parte do Processo da Criação Pessoal, um poder que está esperando para ser exercido, esperando para ser usado *conscientemente*, em vez de inconscientemente (como agora é utilizado pela maior parte da humanidade). Como todas as ferramentas, este princípio é mais eficaz quando usado para a finalidade para a qual foi idealizado.

Não quero que você deixe passar despercebidas as enormes implicações de tudo isso que acabou de ser dito.

Acabei de dizer que essa "atração" é uma *ferramenta*, que essa ferramenta foi criada por Deus, e que essa ferramenta nos foi dada para ser usada *com Deus*.

Eu disse também que ela é *mais eficaz* quando usada com a finalidade *para a qual foi idealizada*. (E assim vemos mais uma razão para que algumas pessoas que usaram a Criação Pessoal a tenham considerado ineficaz, decepcionante e desanimadora. Essas pessoas não estão utilizando a "atração" com a finalidade para a qual ela foi idealizada.)

E qual é esta finalidade?

Criar uma vida feliz, tranqüila e alegre para todos de cujas vidas você participa e para você, nessa ordem.

Por favor, anote estas duas últimas palavras. Elas vão mudar tudo o que você achava que entendia a respeito do Processo da Criação Pessoal e da "fórmula misteriosa" por trás de Como a Vida Funciona.

CAPÍTULO 9

Os grandes princípios da vida

A habilidade para criar sua realidade é uma expressão da Divindade. É por isso que sempre funciona. É impossível *não* funcionar. É um princípio fundamental do Universo. É *a natureza das coisas.*

Há pouco eu disse que a "atração" é uma ferramenta que funciona de maneira mais *eficaz* quando usada com a finalidade para a qual foi idealizada. Isto é, "a atração" freqüentemente produz *os resultados desejados* quando é utilizada como foi idealizada para ser utilizada. Mas está sempre produzindo *algum* resultado, porque está *sempre sendo usada* — estejam essas pessoas que a utilizam a par disso ou não.

Este é o grande presente de Deus: Poder Contínuo, Continuamente em Funcionamento.

Estamos falando aqui a respeito de um processo sistemático de causa e efeito que nunca pára de funcionar.

Deus *é* esse processo. Deus *é* esse sistema. É isso o que Deus quer dizer quando afrma: "*Estarei sempre com vocês, até o fim dos tempos.*"

Isso é algo sobre Deus que em geral não é compreendido, e raras vezes é explicado, quase *nunca* quando se relaciona ao tópico da Criação Pessoal.

Agora precisamos contextualizar essa questão da "atração".

A Energia da Atração é parte de um *sistema maior de causa-e-efeito no Universo.*

Falar a respeito de "atração" como se fosse uma lei por si própria é um pouco como falar sobre a gravidade sem discutir física, para explicar o que a gravidade faz e por quê. Tudo bem, então as coisas caem. E daí...?

Assim, vamos olhar profundamente para os grandes princípios da vida.

A vida expressa a si mesma através de:

1. *A Energia da Atração*, que lhe dá poder.
2. *A Lei dos Opostos*, que lhe dá oportunidade.
3. *O Dom da Sabedoria*, que lhe dá discernimento.
4. *A Alegria de Maravilhar-se*, que lhe dá imaginação.
5. *A Presença de Ciclos*, que lhe dá eternidade.

Esse sistema maior regula o Processo da Criação Pessoal. Você pode até chamar esse sistema e esse processo de "Deus".

Para muitas pessoas esse é um pensamento novo. Convide a si mesmo a explorar essa idéia, só por agora. Poderia "Deus" realmente ser, depois de tudo o que foi dito e feito, um *processo*? E poderia esse processo ser a experiência chamada Vida? Será que o Processo da Criação Pessoal é simplesmente o desenrolar da vida enquanto ela se expressa naturalmente?

Vida, eu vim a entender, é Deus. É Deus *sendo* Deus, e se tornando o que Deus vai Ser a seguir. Este é um sistema complexo e extraordinário que inclui um *Processo*, o qual produz uma *Expressão* chamada vida.

Este sistema é um ciclo. Imagine este círculo em sua cabeça. Nele, o *processo* da vida produz a *expressão* da vida, a *expressão* da vida cria a *experiência* da vida e a *experiência* da vida cria o *processo* da vida. Uma coisa leva à outra, que leva à outra, que leva à outra, num ciclo interminável. É tudo Um.

A vida da maneira que é criada, é o processo, a vida, da forma que aparece, é a expressão, e a vida como ela nos afeta é a experiência. *Como* ela nos afeta é o que podemos determinar — e isso não é algo que seja compreendido pela maioria das pessoas.

O eterno ciclo de processo/expressão/experiência é a Própria Divindade. É Deus "sendo Deus".

Essa é a manifestação da Presença dos Ciclos. Tudo responde a essa presença. Tudo existe em ciclos. Tudo tem sua existência dentro do sistema — e não há nada fora desse sistema.

A atração é parte desse sistema, assim como os grandes Princípios da Vida. O *uso* consciente dos Princípios, que são a base do Processo da Criação Pessoal, produz uma Expressão de vida que leva à Experiência da Divindade.

Você está conseguindo me acompanhar? Fique comigo. Se desejar, releia alguns trechos. Continue me acompanhando.

Agora... assim como a física explica e controla os aspectos e elementos físicos de nossas vidas, da mesma forma, a metafísica explica e controla os aspectos e elementos para além do lado físico de nossas vidas.

A atração é parte dessa metafísica. É um *ímã de energia*. Puxa para si tudo o que é igual a ela mesma. Obedece, absolutamente, ao princípio: Semelhante Atrai Semelhante.

Esse ímã de energia, esse Poder de Deus, está sendo usado por nós no Processo da Criação Pessoal — e está sendo usado todo o tempo, estejamos ou não cientes disso, quer o reconheçamos, quer não.

Então agora, quando estivermos discutindo nosso próprio poder para produzir nossa própria realidade, nunca mais precisaremos perguntar: "Onde está Deus em tudo isso?"

Agora sabemos.

CAPÍTULO 10

Escolha consciente *versus* escolha inconsciente

É porque o sistema nunca pára, é porque o poder que Deus nos deu está sempre *ativado*, que às vezes *se tem a impressão* de que o Processo da Criação Pessoal não está funcionando.

Deixe-me dizer uma coisa outra vez, só para ser claro. A Criação Pessoal está *sempre* em funcionamento.

Anteriormente observei que algumas pessoas tentaram usar o processo da Criação Pessoal e o consideraram ineficaz. A Criação Pessoal *nunca* é ineficaz, apesar de nem sempre produzir o resultado que desejamos. É justamente por ela *ser* tão eficaz que isso acontece.

A Energia da Atração, veja só, reage não apenas ao que desejamos, mas também ao que tememos. Não apenas ao que desejamos atrair para nós, mas também ao que desejamos afastar. Não apenas ao que conscientemente escolhemos, mas também ao que inconscientemente selecionamos.

"Selecionar" de acordo com o que meu amigo Deepak Chopra chama de "o Campo de Possibilidades Infinitas" é um procedimento delicado. Tem a ver com aquilo em que nos mantemos centrados, *queiramos ou não*, façamos isso *de maneira consciente ou não*.

Por exemplo, se sua mente está centrada em dobrar sua renda no próximo ano, mas você tem um pensamento posterior, na hora seguinte, ou no dia seguinte, vai ser quase impossível fazer isso. Se você diz a si mesmo: "Vamos lá, seja prático! Escolha um objetivo que você possa pelo menos *alcançar*", nesse momento você selecionou a última idéia, *e não faz diferença se você queria isso ou não*, porque o botão de ligar está sempre *apertado*; a Criação Pessoal está sempre funcionando.

Isso não só funciona com seu último pensamento ou idéia, mas também com aquele para o qual você dá a maior freqüência, foco e energia emocional.

Isso explica por que, muitas vezes, as pessoas se deparam com aquilo a que chamam de fracasso quando buscam usar o processo para conseguir algo que desejam desesperadamente. Nessas horas elas dizem: "Está vendo? Esse negócio não funciona!"

Na verdade, o processo está funcionando com perfeição. Se você vivencia a si mesmo querendo alguma coisa desesperadamente e não pára de repetir *Eu quero isso!*, você está anunciando para o Universo que agora não terá isso.

(A não ser que esteja simplesmente usando a palavra "quero" retoricamente. A maioria das pessoas não está. Quando a maior parte das pessoas diz que "quer" alguma coisa, elas estão bem certas de que isso se dá porque vivem sem essa coisa.)

Enquanto você sustentar tal pensamento, *não pode* ter aquilo que deseja, porque não pode vivenciar por um lado o que por outro lado está confirmando *não vivenciar.*

Para usar um exemplo, a afirmação "eu quero mais dinheiro" pode não atrair dinheiro para você, mas, ao contrário, afastá-lo. Isso se dá porque o Universo tem apenas uma resposta em seu vocabulário:

"Sim." Ele escuta você atentamente, e acima de tudo *aquilo que você está sentindo.*

Conversando com Deus diz que "o sentimento é a linguagem da alma". Se você diz o tempo todo "Eu quero mais dinheiro!", e o Universo "sente o seu sentimento" em torno disso, e é um sentimento de carência, *é a isso que o Universo vai responder.*

Estamos falando de *poder.* O poder de um ímã. Lembre-se de que um sentimento é *energia* e, em relação à energia, Semelhante Atrai Semelhante. Então o Universo vai dizer "Sim!" — e você vai continuar *querendo mais dinheiro.*

Se você pensa: "Quero mais amor na minha vida!", o Universo dirá "Sim!" — e você vai continuar a *querer mais amor na sua vida.*

Usando a Energia da Atração, a palavra "eu" é a chave de ignição da criação. O que se segue à palavra "eu" gira a chave e dá a partida da manifestação.

Assim, quando "parece" que a Criação Pessoal não está funcionando, é apenas porque a Energia da Atração trouxe o que você *inadvertidamente selecionou* em vez de trazer o que você pensou que tivesse escolhido.

Se o botão de ligar não estivesse sempre apertado, se o processo não estivesse sempre funcionando, você poderia ter um único pensamento bastante positivo a respeito de algo e, sem dúvida, esse resultado se tornaria evidente em sua realidade. Mas o processo funciona o tempo todo, não apenas parte do tempo, e é alimentado por aquilo que você sente de maneira mais profunda, com mais consistência. Então, um único pensamento bastante positivo em um turbilhão de idéias e projeções não tão positivas muito provavelmente não produz o resultado desejado.

O truque é manter-se positivo num mar de negatividade. O truque é saber que o processo está funcionando mesmo quando não *parece* estar. Agora quero lhe dar uma ferramenta com a qual é possível fazer isso. É uma técnica incrível. Sempre funciona.

CAPÍTULO 11

O milagre que vai mudar sua vida

Manter-se positivo quando se está cercado de — até mesmo *submerso* em — "negatividade", como outros podem chamar, é mais fácil do que você imagina. O truque é acabar com o julgamento, "não julgar pelas aparências".

Quando você acaba com o julgamento, acaba com todo um modo de vida. Isso não é pouca coisa. Isso é uma mudança de atitude e de comportamento que pode modificar uma vida. Isso é um milagre.

Mas como realizar esse milagre? Essa é a pergunta para a qual todos querem uma resposta. Por favor, então, preste muita atenção ao que vou dizer agora: O caminho para abandonar o julgamento é optar pela gratidão.

Essa frase é tão importante que deveria ser fixada por toda a sua casa e em todos os lugares do seu mundo. No espelho do banheiro. Na porta do refrigerador. No retrovisor do carro. No alto da tela do computador. Você pode até tatuar isso no pulso esquerdo — ou pelo menos gravar numa pulseira:

O caminho para abandonar o julgamento
é optar pela gratidão

Isso significa manter-se grato por todos os resultados. *Cada um* deles. Isso tem a ver com dizer "Obrigado, Deus" mesmo para as coisas que você tem certeza de não ter escolhido conscientemente e para as que tem certeza de não querer.

Alguém uma vez disse: "Felicidade não é ter o que você quer, é querer o que você tem." E esse "alguém" estava coberto de razão.

A gratidão é a cura milagrosa para todos os momentos de inquietude. É a maneira mais rápida de dissolver a ansiedade, recuperar-se da decepção, repor a negatividade com a positividade. É o itinerário mais curto a partir de um beco sem saída de volta para O Caminho. É a *energia de conexão* com Deus.

Experimente.

Na próxima vez que você se confrontar com qualquer desenlace, resultado ou experiência indesejável, apenas pare. Pare bem no meio de seja lá o que for que esteja acontecendo. Apenas...

...pare.

Feche os olhos por um instante e diga mentalmente: "Obrigado, Deus."

Inspire bem fundo e diga de novo.

"Obrigado por este presente e pelo tesouro que ele guarda para mim."

Pode estar certo de que guarda *mesmo* um tesouro, ainda que você não o esteja vendo neste momento. A vida vai provar isso, se você a der uma chance.

Quando a gratidão substitui o julgamento, a paz se espalha por todo o seu corpo, a delicadeza envolve sua alma, a sabedoria preenche sua mente. Deixe a gratidão tomar o lugar do julgamento e, em cinco segundos, toda a sua experiência de vida vai mudar para melhor.

Em cinco segundos.

Isso se dá porque a atitude é tudo. Na vida, a atitude corrige o rumo quando você pisa fora do Caminho. A atitude é como o Mapa da Mente.

Uma atitude negativa vai levá-lo para a rua da infelicidade. Não há como evitar. Isso vai acontecer com certeza, não importa qual seja o problema. Uma atitude positiva vai levá-lo de volta ao Caminho da paz e da felicidade interior. Mais uma vez, não há como evitar. Isso vai acontecer com certeza, não importa qual seja o problema.

Contudo, como é que uma pessoa pode optar pela gratidão quando as circunstâncias ou condições que se apresentam são completamente deploráveis, desoladoras, ou até mesmo capazes de colocar sua vida em risco?

Você pode optar pela gratidão se souber que cada momento na vida é uma oportunidade única para que você declare, expresse e vivencie a Divindade dentro de você.

Isso é uma coisa que não se esclarece com uma simples alegação de que existe algo como a Energia da Atração. Esse fato deve ser *explicado* e não apenas *revelado*.

CAPÍTULO 12

Por que a vida se torna adversa

A Seleção Inadvertida é somente um pequeno aspecto conhecido da Criação Pessoal, e é capaz de levar as pessoas a acharem que ela não está funcionando. Há também a Lei dos Opostos, sobre a qual as pessoas sabem ainda menos e que é capaz de produzir o mesmo efeito, mas por uma razão diferente.

A Lei dos Opostos é o segundo dos cinco grandes Princípios da Vida e funciona em perfeita harmonia com a Energia da Atração. Este princípio afirma que no mometo em que você chama algo para a sua realidade, o exato oposto também aparece — e sempre *primeiro*.

O que é isso agora? O que estou dizendo?

Estou dizendo que no momento em que você escolhe qualquer coisa — qualquer resultado, objeto ou experiência — o *exato oposto* vai acontecer em sua vida de alguma forma. Esse oposto pode se mostrar em algum lugar distante, ou até surgir de repente, bem diante dos seus olhos, mas, com certeza, estará lá.

É *necessário* que o "oposto" de seja lá o que for que você esteja escolhendo apareça com a Energia da Atração. Isso porque *a vida não pode ser vivenciada num vácuo*. Deve-se produzir um *contexto* no qual você possa vivenciar o que escolheu.

Como muitas pessoas não sabem disso, elas podem facilmente se tornar negativas em seu pensamento, exatamente quando o Universo se preparava para colocar diante delas tudo o que seus corações desejaram.

Elas não vêem o aparecimento do oposto como um sinal claro e cristalino de que estão no caminho certo, indo na direção de seus objetivos escolhidos. Em vez disso, encaram o fato como um obstáculo, uma obstrução.

Elas se sentem como se tivessem sido colocadas contra a parede, quando na verdade estão diante de uma porta. Apenas o *discernimento* lhes permitiria saber a diferença. É aí que o Dom da Sabedoria entra (o que será explorado mais adiante).

A Lei dos Opostos é baseada no *princípio fundamental e fundador de toda vida*: "Na ausência daquilo que você não é, aquilo que você é não é."

Esta não é uma frase muito clara, eu sei. Deixe-me esclarecer. Digamos, para fins de ilustração, que você deseje vivenciar a si mesmo como "a luz". (A propósito, muitas pessoas de fato escolhem isso. Elas desejam ser A Luz — e assim trazer A Luz — seja lá onde estiverem, seja lá onde aparecerem.)

Agora imaginemos que não haja nada mais ao seu redor *a não ser* A Luz — na verdade, que não haja nada além na *existência* a não ser A Luz. Isso tornaria impossível para você vivenciar a si próprio *como* A Luz. Você pode "*saber-se*" isso, mas não pode "vivenciar" a si mesmo como tal.

(Há uma diferença entre saber e vivenciar, e o que a alma anseia é *vivenciar aquilo que ela sabe que é.*)

Só há uma maneira de vivenciar a si mesmo como A Luz, e essa maneira seria encontrar-se na escuridão. No entanto, lembre-se, neste exemplo não há "escuridão". Não há nada além de A Luz. Você, por conseguinte, *deve criar a escuridão*. Você deve *evocá-la*. E você vai.

Essa é a Lei dos Opostos, que dá a você a oportunidade. Contudo, se você vê o oposto não como oportunidade, mas como oposição, vai vê-lo não como algo que dá poder a você, mas como algo que tira esse poder. Você vai cair no pensamento negativo, sem entender que foi você mesmo quem usou a Energia da Atração a fim de atrair para si *tanto* a escuridão *quanto* a luz (tanto o que você chamaria de resultado "negativo", como o que você chamaria de resultado "positivo"), com a intenção de *vivenciar completamente* os resultados positivos que está criando.

Existe *poder* em opostos e esse é o modo intrincado como a atração funciona com todos os grandes princípios da vida. Esses princípios se movem em harmonia uns com os outros; eles funcionam como um mecanismo perfeito — o *Mecanismo da Manifestação* —, como engrenagens num relógio preciso.

O que cabe a nós fazer, então, quando a Lei dos Opostos parece impedir, em vez de dar apoio à Criação Pessoal?

Entender exatamente o que está acontecendo.

Faça um esforço para ver o surgimento do "oposto" como sua primeira indicação de que a Criação Pessoal está funcionando impecavelmente. Lembre-se de que a *primeira medida* para se criar qualquer coisa é produzir *um contexto no qual essa coisa possa ser vivenciada.* Não resista ao oposto de nada que você deseje vivenciar. Em vez disso, acolha-o. Olhe bem para esse oposto e veja-o de acordo com o que ele na verdade é.

Aquilo a que você resiste, persiste. Isso acontece porque ao dar a essa coisa uma atenção permanente, e de uma maneira negativa, você a coloca diante de si. Você não pode resistir a algo que não está *diante de si.* Ao resistir a alguma coisa, você a *mantém diante de si.* Ao concentrar energia raivosa ou frustrada, você na verdade dá mais vida àquilo a que resiste.

É por essa razão que todos os grandes mestres insistem: "Não resista ao mal." Não *combata* aquilo que é oposto ao seu desejo declarado ou ao resultado da sua preferência. Em vez disso, relaxe.

Sei que isso pode soar estranho, mas prometo a você, funciona. Não se torne rígido e tenso, pronto para uma *batalha. Nunca se oponha àquilo que se opõe a você.* Não se oponha, componha.

Você entendeu? Lembre-se desta pequena regra, sempre:

Não se oponha, componha.

Componha a idéia original de como você quer que a vida seja. E componha a *si mesmo* enquanto estiver fazendo isso. Parta de um estado relaxado por meio da convicção de que a vida está funcionando perfeitamente. No entanto, não confunda relaxamento com aceitação.

Dizer "não resista ao mal" não significa afirmar que você não deva tentar mudar aquilo que não escolheu. Mudar alguma coisa não é resistir a alguma coisa, é apenas escolher novamente. Mudança não é resistência, mas alteração. Modificar não é resistir, e sim continuar a Criação Pessoal.

Mudança *é* criação. Resistência é o *fim* da criação. A resistência mantém a criação anterior firme em seu lugar.

Você entende?

Em todos os momentos de dificuldade e desafio em sua vida, você tem uma escolha: oposição ou composição. Eu repito: Você tanto pode se opor àquilo que está vivenciando, como compor o que você escolhe.

Componha o que você escolhe.

Agora, graças à Lei dos Opostos, você tem um *contexto* no qual vivencia isso. E essa é a coisa mais importante que o Universo pode dar a você.

Esse é um importante aspecto da "fórmula misteriosa" da vida, que raramente é explicado.

E ainda há mais.

CAPÍTULO 13

A saída para a armadilha da negatividade

Quando a Energia da Atração responde à Lei dos Opostos, o Dom da Sabedoria pode ser usado para acrescentar *discernimento* à experiência.

Este princípio afirma que: "Toda a sabedoria se encontra dentro de você. Não é verdade que você foi colocado no mundo por um Deus impiedoso que escolheu não lhe dar a sabedoria para entender como atuar nesse ambiente. Muito pelo contrário, você foi colocado aqui para *usar* esse ambiente a fim de alcançar o propósito para o qual você veio — que é o propósito da Própria Vida —, e a você foi dada a sabedoria para entender não só o propósito, mas também *como alcançá-lo*."

Recorra a essa sabedoria sempre e onde quer que sinta a necessidade de sua orientação. Ela estará lá.

A sabedoria é uma ferramenta dada a você e a todos os seres capazes de sentir. O Dom da Sabedoria lhe dá o discernimento. Esse Dom é aquilo que lhe permite saber que qualquer experiência negativa pela qual possa estar passando foi trazida *para* você *por* você, à medida que você constrói um Campo Contextual no interior do qual pode vivenciar o que escolheu de si mesmo e do seu mundo.

Muitas vezes esse "trabalho" é feito num nível inconsciente ou superconsciente. Assim, você pode não estar atento a ele. O Dom da Sabedoria faz com que seja possível a você estar conscientemente atento, faz você emergir da Nuvem do Desconhecimento, mover-se com clareza através do Campo Contextual, que é a vida ao seu redor, e invocar a Energia da Atração *dentro* desse Campo Contextual. Assim, você se concentra de maneira consistente exatamente naquilo que escolhe em cada momento, e também reconhece todas as condições contrárias como criações suas, criações que produzem oportunidade, não oposição.

Mestres nos disseram: "Não julgue pelas aparências." Era isso o que eles queriam dizer.

O discernimento permite que você veja as coisas como elas realmente são, e impede que você veja apenas o lado negativo delas.

O Dom da Sabedoria permite que você saiba que enquanto viaja pela trilha da vida pode *esperar* encontrar pelo caminho o que algumas pessoas chamam de "fracasso".

"Quanto mais vós avançais, mais vossos pés encontrarão armadilhas", nos diz Helena Petrova Blavatsky. "O Caminho que vos atrai é iluminado por um fogo — a luz da ousadia queimando no coração. Quanto mais alguém ousar, mais deverá alcançar. Quanto mais temer, mais aquela luz enfraquecerá."

O truque é enxergar o "fracasso" pelo que ele é. Não um fracasso, mas uma oportunidade.

Gosto do que Joseph Sugarman diz a esse respeito:

"Não são muitas as pessoas dispostas a dar ao fracasso uma segunda oportunidade. Na maioria dos casos elas fracassam uma vez e está tudo acabado. Com freqüência, a amarga pílula do fracasso é mais do que essas pessoas podem suportar. Se você está disposto a aceitar o fracasso e a aprender com ele, se você está disposto a considerar o fracasso como uma bênção disfarçada e logo se reerguer, você tem o potencial de dominar uma das mais poderosas forças do sucesso.

"Cada problema traz escondido em si uma oportunidade tão poderosa que de fato diminui o problema. As maiores histórias de sucesso foram criadas por pessoas que reconheceram um problema e o transformaram numa oportunidade."

Isso é o que chamo de realmente usar o Dom da Sabedoria, você mesmo se abrir ao discernimento e permitir-se enxergar a diferença entre aparência e realidade. Notar que aquilo que parece negativo é na verdade positivo.

É através da verdadeira Sabedoria que entendemos algo um tanto extraordinário a respeito da vida em sua forma física: toda a materialidade é uma ilusão.

Conversando com Deus faz essa afirmação repetidas vezes e, se ela for verdadeira, precisamos saber lidar com isso.

Deus diz que somos como mágicos que esquecem seus truques. Estamos vivendo num mundo de *Alice no país das maravilhas*, onde juramos que o que "é", "não é" e o que "não é", "é". No entanto, o fato de *estarmos* vivendo numa ilusão é o que torna nossas vidas tão emocionantes e suas possibilidades tão intermináveis. Porque apenas numa fantasia podemos ter qualquer coisa que quisermos, fazer o que nos agradar, e criar qualquer coisa que desejarmos.

Lewis Carroll escreveu:

— Não adianta tentar —, disse Alice — a pessoa não pode acreditar em coisas impossíveis.

— Ouso dizer que você não treinou o suficiente —, disse a rainha. — Ora, eu acredito em seis coisas impossíveis antes do café-da-manhã!

O truque em tudo isso, obviamente, é saber como viver *com* a Ilusão, e não dentro dela. Ou, como diz a Bíblia, estar "neste mundo, mas não ser deste mundo". Há uma maneira de fazer isso, e o livro *Comunhão com Deus*, da série *Conversando com Deus*, nos explica como, no Processo Tríade da Criação da Realidade.

Assim diz *Comunhão com Deus*:

O Mestre, e o aluno no caminho para se tornar mestre, *sabe* que as Ilusões são ilusões, decide por que elas estão lá, e então, de maneira consciente, *cria* o que será vivenciado a seguir no interior do seu eu através das Ilusões.

Ao enfrentar qualquer experiência de vida, toda pessoa conta com uma fórmula, um processo, através do qual pode progredir na direção da maestria. Basta fazer as seguintes afirmações:

1. Nada neste mundo é real.
2. O significado de todas as coisas é o significado que dou a elas.
3. Sou quem digo que sou, e minha experiência é a que eu digo que é.

Essa é a maneira de lidar com as Ilusões da Vida.

Para muitas pessoas, o primeiro passo no Processo Tríade é o mais difícil. Ele proclama que todas as coisas para as quais olhamos, tudo o que vivenciamos, é irreal. Na verdade nada é o que imaginamos que seja.

Isso *não significa que essas coisas não existam*. O que *de fato* significa é que não são "reais". Isto é, não são "realmente" o que "parecem ser". Não são o que supomos que seja.

Para uma maior compreensão desse fenômeno, sugiro a leitura de *O universo holográfico*, de Michael Talbot. Esse livro extraordinário oferece *insights*, de um ponto de vista científico, a respeito do mundo de faz-de-conta em que vivemos.

A afirmação "Nada neste mundo é real" é baseada na física quântica — no entanto, ela é mais do que uma observação científica. É também uma verdade psicológica e espiritual. Estar ciente dessa verdade pode ser benéfico — em especial nos momentos de grande dificuldade ou de grande tensão.

Se você acredita que aquilo que está vivenciando durante os tempos de dificuldade é real, vai quase que literalmente *torná-lo real* em termos do efeito que tem em sua vida. Por outro lado, se você sabe que é irreal e que seu efeito é apenas algo que você está inventando, sem que isso tenha qualquer essência ou substância em absoluto, pode *dar um sumiço nesse efeito* num piscar de olhos.

Conversando com Deus diz que aquilo a que você resiste, persiste; e aquilo para o que você olha desaparece. Isto é, pára de ter sua forma ilusória.

Agora, se você está pensando que isso está muito na linha da mensagem do filme de ficção científica *Matrix*, você está absolutamente certo. Você deve se lembrar de que naquele filme os personagens viviam num mundo de faz-de-conta, criado por seus pensamentos, e que o personagem principal, Neo, tornou-se uma espécie de "deus" entre os homens, apenas treinando sua mente para resistir à imagem das coisas (tais como balas vindo em sua direção) e para negar sua realidade.

Basta que você negue completamente a realidade de qualquer coisa que esteja acontecendo a você agora e que não deseje que isso aconteça, e, no mínimo, estará reduzindo seus efeitos negativos. O doutor Norman Vincent Peale, um pastor cristão muito popular nas décadas de 1940 e 1950, salientou isso em seu extraordinário livro escrito há cinqüenta anos, *O poder do pensamento positivo.*

É claro, Jesus, o mestre maior, disse isso de maneira direta e perfeita quando declarou: "Que lhes seja feito segundo a fé que vocês têm."

Então o primeiro passo no Processo Tríade é o de negar em você mesmo a realidade do efeito interno de *qualquer coisa.* Isso inclui não só o chamado "bem", mas também o chamado "mal". Agora, "qual o sentido de negar os chamados efeitos do 'bem'?", você pode perguntar.

A resposta é que encarando a sua maior alegria e chamando-a do que ela é — uma ilusão — você deixa de ficar apegado demais a ela. Você pode continuar a desfrutá-la, mas realmente elimina o que há de ruim nela. Isto é, o inferno de se tornar viciado no seu desfrutar da vida de uma única forma.

É o vício — em pessoas, lugares e coisas — que cria agitação onde antes havia paz, sofrimento onde antes havia alegria, dor onde antes havia prazer, desgosto onde antes havia felicidade. Isso nunca havia sido descrito com tanta clareza quanto no livro bastante perspicaz de Ken Keyes Jr., *Guia para uma consciência superior.* Esse livro — escrito por um paraplégico que passou seus dias numa cadeira de rodas — mudou minha vida para sempre. Nele, Keyes Jr. diz que você é viciado numa pessoa, num lugar, ou experiência se a ausência dessa pessoa, lugar ou experiência faz com que você perca sua felicidade.

Publicado há alguns anos, *Guia para uma consciência superior* ainda pode ser encontrado hoje em dia. O livro ensina como fazer com que os "vícios" sejam elevados a "preferências". Eu o considero uma das obras mais extraordinariamente reveladoras já escritas sobre a felicidade humana.

É importante notar que ao negar a realidade de tudo o que pensamos, dizemos e vemos, não estamos necessariamente afastando essa realidade de nós. Estamos somente contextualizando mais uma vez nossa *vivência* dela, fazendo com que nós mesmos notemos que aquilo para o que estamos olhando é uma ilusão. Só então damos poderes a nós mesmos, para (1) permitir que a ilusão continue, ou (2) criar a ilusão como algo que chega ao fim.

Enquanto pensarmos que aquilo que estamos vivenciando é real, vamos nos imaginar sem o poder de mudar o efeito daquilo sobre nós. Da mesma maneira, não exerceremos poder na Vida propriamente dita, apenas nos deslocando através da experiência e sob o Efeito constante dela.

Negar a *realidade* de tudo o que vemos é, portanto, uma ferramenta extremamente poderosa e importante no Processo da Criação Pessoal.

Agora estamos prontos para o segundo passo. Se nada do que vejo é real, então o que tudo significa? Essa é mais uma pergunta muito boa e pertinente, e a resposta é: *O significado de todas as coisas é o significado que você dá a elas.*

Esse segundo passo coloca você com firmeza no comando de sua experiência. Você pode não ter mudado nada na sua realidade exterior, mas lembre-se, é a *vivência* disso que estamos empenhados em mudar.

Você, e só você, decide o que qualquer coisa significa para si mesmo. Você, e só você, é quem tem de decidir o que importa e o que não importa, o que é "bom" e o que é "mau". Você, e só você, tem de decidir se vai reagir de maneira positiva ou negativa a respeito de algo — ou, de forma interressante, não ter qualquer reação. Suas emoções ficam sob seu total controle. Seus sentimentos são o que você quer que eles sejam.

"Isso não é verdade!", você pode protestar. "Não é que eu *queira* me sentir mal, apenas me *sinto* mal." Acontece que as coisas não são assim — e quanto mais cedo você entender isso, mais cedo vai passar a ser o mestre do seu dia-a-dia. Você *realmente* quer se sentir mal, ou não se sentiria. O truque é analisar profundamente o momento para ver *por que* você quer se sentir mal. A resposta a essa pergunta traz grandes revelações.

Só para reiterar: *você* decide, e *só* você decide, o que algo significa para você e como vai responder a isso. No entanto, essa é uma decisão que a maior parte das pessoas toma baseada em sentimentos, experiências, compreensões e desejos passados, ou então em medos, apreensões, vontades e desejos futuros.

Nada disso tem relação com o que está acontecendo bem aqui, neste exato momento.

A idéia — como Eckhart Tolle, de maneira tão brilhante, deixou claro em *O poder do AGORA* — é *permanecer no momento*. Não fique no futuro nem no passado. Eu passei a enxergar o verdadeiro poder que essa idéia causa em minha própria vida.

Quando "venho do ontem", muitas vezes sobreponho às coisas que estão acontecendo neste exato momento significados que não estão nelas de maneira *inerente*, mas que coloquei lá como conseqüência de um pensamento prévio a respeito delas — ou a respeito de algo semelhante a elas — que faz parte do meu passado. (Ir ao dentista pode ser um bom exemplo.)

Quando "venho do amanhã", sobreponho aos acontecimentos de hoje uma idéia a respeito de um futuro imaginado (e em geral de algum medo imaginado). Essas realidades futuras podem nunca vir a acontecer (de fato, minha vida mostrou que elas quase nunca acontecem), mas o que fazem freqüentemente é arruinar qualquer chance que eu tinha de lucrar ao máximo com a experiência do momento.

Só quando caio *fora* do meu passado e fico *longe* do meu futuro é que posso genuinamente vivenciar o que está acontecendo bem aqui, neste exato momento. E — livre das interpretações do Passado e do Futuro — posso dar a essa ocorrência *qualquer interpretação que eu deseje.*

Esta foi a ação mais libertadora da minha vida. Quando aprendi isso, entendi afinal que *minha experiência de tudo o que acontece está em minha mente.* Posso olhar diretamente para os acontecimentos e posso escolher *ser* o que quer que eu escolha *ser* com relação a eles. Posso estar "bem" ou posso escolher "não estar bem". Posso estar "feliz" ou posso escolher estar "infeliz". Posso ser "otimista" ou "receoso", "poderoso" ou "fraco", "completo" ou "incompleto", "arruinado" ou "vigoroso".

A decisão é toda minha. O significado de todas as coisas é o que dou a elas.

No terceiro passo do Processo Tríade da Criação Pessoal decido que sou quem digo que sou, e minha experiência é a que eu sei que é. Isso tudo pode parecer circular, mas há um método para evitar a confusão.

Tenho uma lembrança vívida de uma mulher que certa vez falou abertamente num dos retiros da nossa fundação, a ReCriando Você Mesmo. Na infância, ela havia sido sexualmente molestada pelo tio, e falou sobre isso com muita tranqüilidade. Contou também a respeito de um grupo de apoio a mulheres que ela freqüentava com regularidade e lembrou-se de como, ao mencionar sua experiência a esse grupo, as participantes ergueram as vozes preocupadas. "Você deveria estar furiosa a respeito disso!", elas disseram. "Como é que pode falar nisso com tanta calma?"

"Bem", ela respondera, "isso aconteceu faz muito tempo e, além do mais, eu entendo por que ele fez o que fez, e já o perdoei. Não estou mais com raiva".

"*Não está mais com raiva?*", elas protestaram. "*Como é que você pode não estar mais com raiva? Você não sabe o que aconteceu a você?*" Então as participantes chegaram à conclusão de que pelo visto ela havia "sublimado" seus sentimentos e sufocado sua raiva, e estava com mais raiva do que imaginava. "Uma bomba ambulante prestes a explodir", foi como as mulheres se referiram a ela. O único problema era que ela não se sentia daquela maneira. Sua experiência é o que ela havia descrito e ela não concordava com o modo como outras diziam que ela deveria se sentir.

Nunca me esqueci desse exemplo de Criação Pessoal. A experiência externa dessa mulher não era diferente da de muitas outras mulheres que haviam sido molestadas quando crianças, mas sua experiência *interior* era extraordinariamente diferente. Ela apenas escolheu encarar a situação de outro modo.

Em minha própria vida, quando alguma coisa louca ou indesejada acontece, nunca me pergunto: "Por que *isso* aconteceu...?" Em vez disso, pergunto a mim mesmo: "Se eu pudesse *dar* a isso uma razão para acontecer, qual seria?"

Atribuo a tudo uma razão, em vez de ficar procurando por uma. E eu *decido* como vou me sentir a respeito das coisas, em vez de ficar olhando para ver como me sinto. E eu *escolho com todo o cuidado* minhas reações a tudo, em vez de observar minhas reações da lateral do campo, como se não fosse o jogador principal em minha vida.

O Processo Tríade da Criação Pessoal é o que chamo de um Processo de Virada. Ou seja, é um daqueles ensinamentos que, uma vez internalizados e utilizados, podem provocar uma guinada na vida de uma pessoa.

CAPÍTULO 14

A vida como uma aventura extraordinária

Depois de usar o Dom da Sabedoria para enxergar o que está se opondo a você (nada) e o que o está convidando (tudo), você pode empregar a Alegria de Maravilhar-se. Essa fórmula declara:

"Todas as coisas são repletas de maravilha, porque assim é a Natureza de Deus, a essência da Divindade e seu estado natural de ser. Entre nessa maravilha que você é e, a partir dela, imagine seu futuro, sua vida e sua realidade coletiva na próxima versão grandiosa da melhor visão que você já teve a respeito de Quem Você É. Dessa maneira você espalha maravilha por tudo à sua volta e alcança o propósito para o qual *veio* ao mundo."

A Alegria de Maravilhar-se lhe dá a imaginação, permitindo que você se apodere de tudo o que atraiu para si através da Energia da Atração e da Lei dos Opostos, e permitindo que você produza sua própria experiência de todos os modos criativos que só uma imaginação rica poderia evocar.

A vida se transforma numa aventura extraordinária quando você usa a Energia da Atração, a Lei dos Opostos, o Dom da Sabedoria e a Alegria de Maravilhar-se para magnetizar, contextualizar, discernir e selecionar aquilo que deseja vivenciar bem aqui, neste exato momento.

Sua vida na Terra, como está sendo criada agora, é o resultado disso. Se você não gosta de alguma parte daquilo que criou, individual ou coletivamente, você pode recriar isso de outra forma... na próxima versão grandiosa da melhor visão que você já teve a respeito de Quem Você É.

Quanto maior a criação, mais poder vai ser necessário para modificá-la. Se estamos falando sobre você estar com fome, é possível modificar essa criação com relativa facilidade. Se estamos falando de fome em termos mundiais, será necessário mais poder (isto é, mais de *você*) para alterar a criação, para recriar isso de outra forma.

A maior parte das pessoas até o presente momento não tem revelado disposição para fazer isso. Essas e outras condições mundiais não benéficas, todas criadas pela humanidade, existem não porque não podem ser modificadas, mas porque não houve a vontade coletiva para tanto.

Onde há vontade, há um meio.

Seja na vida coletiva da humanidade, ou em sua própria vida, em que tais condições negativas prevaleceram, você não precisa se sentir eternamente desencorajado.

CAPÍTULO 15

Não se preocupe, você tem todo o tempo do mundo

Depois de evocar a Alegria de Maravilhar-se e permitir a si mesmo expressar a vida, você pode agora achar benéfico observar e honrar a Presença de Ciclos.

Este quinto grande Princípio da Vida afirma: "Tudo na vida se movimenta em ciclos. Não há uma linha reta no Universo. Tudo no fim das contas curva-se em direção a si mesmo. A linha pode ter trilhões de quilômetros de extensão — ou ser inexplicavelmente *mais longa* — mas no final tudo se encontra consigo mesmo. O movimento de energia e massa em torno desse circuito fechado cria a experiência do que você chamaria de Infinidade. Isso significa que você tem 'todo o tempo do mundo' para vivenciar aquilo que deseja em relação a Quem Você É, individual e coletivamente."

Tudo na vida se move num turbilhão. A própria vida é um ciclo, sem começo ou fim. Tudo existe "como foi no começo, é agora, e para sempre será, mundo sem fim". A Presença de Ciclos dá a você o presente da eternidade.

Será que isso significa que não há razão para fazer qualquer coisa a respeito das condições aqui e agora? Sim e não. Não há absolutamente qualquer razão se você está satisfeito com a maneira como está vivenciando sua vida e a vida ao seu redor, se a vida representa você e a mais alta idéia que você tem de si mesmo de maneira precisa.

Se, por outro lado, você não está satisfeito e deseja usar esta existência com a finalidade para a qual ela foi idealizada, então pode escolher alterar as condições individuais e coletivas que nela se apresentam.

É uma decisão sua. Você está fazendo algo muito sagrado aqui, algo muito ousado, durante sua vida sobre a Terra. Você está se definindo e então recriando a si mesmo de outra forma, em cada momento dourado do Agora.

Todo ato é um ato de autodefinição.

Isso inclui o ato de nada fazer...

Quero voltar a algumas afirmações feitas anteriormente, para evitar que elas sejam esquecidas sem terem sido completamente explicadas.

Eu disse que quando as pessoas usam o Processo da Criação Pessoal e o consideram ineficaz, decepcionante e desencorajador, isso se dá porque elas não estavam usando a "atração" — que abastece o processo da criação — com o propósito para o qual ela foi idealizada.

Eu disse então que seu propósito é criar uma vida feliz, pacífica e alegre para todos de cujas vidas você participa, e para você, nessa ordem.

Finalmente, eu disse que essas duas últimas palavras mudariam a sua compreensão de Criação Pessoal para sempre.

Esse é o mais importante aspecto da Criação Pessoal e é o menos discutido.

Por ele ser tão pouco discutido, os críticos da Criação Pessoal e do uso da "atração" se sentiram à vontade para sugerir que a Criação Pessoal estimula um comportamento egoísta, que é praticada em benefício próprio e visa à exaltação pessoal e que, por conseguinte, tem pouco a ver com bondade ou Divindade.

No entanto, o *propósito* da "atração" (e de todos os grandes Princípios da Vida) é elevar não o Eu, mas o Outro, expandir não o Eu, mas o Outro, enriquecer não o Eu, mas o Outro — porque é *fazendo isso* que o Eu é elevado, expandido, enriquecido e vivenciado mais integralmente.

(É por essa experiência plena do Eu que a alma anseia. Este é, de fato, o propósito de toda vida.)

Esse foco no Outro não é enfatizado por muitos professores contemporâneos da Criação Pessoal, mas é o foco de todo mestre espiritual antigo — *e é por essa razão que algumas pessoas acham que a Criação Pessoal e a Energia da Atração não estão de acordo com os ensinamentos religiosos tradicionais.*

Na verdade existem apenas duas perguntas básicas para se fazer na vida:

1. O que posso dar ao outro?
2. O que posso dar a mim mesmo?

É importante *nunca inverter a ordem das perguntas.*

Não há mal em perguntar o que você pode dar a si mesmo. Ambição, felicidade e satisfação pessoais e desenvolvimento espiritual atiçam o fogo do desejo, do anseio e do progresso. Estes sentimentos são a pedra angular da evolução.

É muito natural e nem um pouco inapropriado espiritualmente procurar um resultado específico, ou desejar uma experiência específica, num nível pessoal — até mesmo a experiência da riqueza, da fama e do poder. Essas experiências estão entre os presentes da vida, entre os prazeres da condição de seres humanos e não há nada de errado com elas. No entanto, o processo pelo qual buscamos alcançá-las é importante.

Obviamente, alcançar essas experiências à custa dos outros não é algo espiritualmente evoluído. Não tão obviamente, alcançá-las essas coisas enquanto se ignora os outros, e as necessidades dos outros, é o modo mais difícil de chegar aonde você quer. É o caminho mais difícil. É o itinerário mais vagaroso.

A Energia da Atração sempre trabalha com mais rapidez quando fazemos as Duas Perguntas Básicas da vida na sua ordem original. Quando as perguntas são mantidas nessa ordem, *a primeira pergunta sempre responde à segunda.*

Esse aspecto da Criação Pessoal é afirmado de outra maneira, talvez mais direta, na série *Conversando com Deus*. É nesses livros que as informações aqui se baseiam. Como alguns de vocês devem saber, sou o autor desses textos e eles mudaram toda a minha compreensão da vida e de como ela funciona. Eles contêm a "fórmula misteriosa". Eles contêm a Verdade Não Dita.

No começo do diálogo em *Conversando com Deus* eu estava desesperado para saber: "O que é necessário para fazer a vida funcionar? Por que a minha vida tem de ser essa luta permanente?" Gritei dentro de mim mesmo: "Quais são as regras? Alguém aí, apenas me diga quais são as regras! Eu prometo jogar. *Apenas me digam quais são as Regras do Jogo*."

Nos nove livros adicionais de diálogos que vieram a seguir, Deus fez exatamente isso. E, em resposta às perguntas acima, Deus disse (e aqui estou parafraseando, para não me alongar demais):

— Sua vida *não* precisa ser essa luta permanente. O problema é simples. Você pensa que sua vida é sobre você. Sua vida não é sobre você.

— Não é? — perguntei.

— Não — Deus respondeu.

— Bem, sobre quem ela é?

— Sobre *todos*.

CAPÍTULO 16

Aqui está: a verdade não dita

Essa pequena afirmação — "Sua vida não é sobre você" — mudou a minha vida. Virou tudo de cabeça para baixo. Ou, mais precisamente, colocou tudo na posição correta. Eu não estava aqui para servir a mim mesmo, fui informado. Estava aqui para servir aos outros. Ao perder a mim mesmo, eu me encontraria. Ao dar, eu receberia.

Isso me soou imediatamente familiar. Tinha o tom da doutrina cristã básica e, sendo assim, o tom dos ensinamentos fundamentais das principais religiões do mundo.

Na verdade esse *é* o ensinamento das religiões, mas há algo que a maioria das religiões não inclui nele. Elas não dizem *por que* esse ensinamento é verdadeiro. Elas não dizem *por que* esse processo funciona. *Elas não explicam a Criação Pessoal.*

Minhas conversas com Deus esclareceram tudo isso para mim. Esse processo funciona e é a maneira mais rápida de alcançar *qualquer coisa* que uma pessoa queira alcançar, Deus me disse, "porque você é o Único na Sala".

Não entendi. Falei algo como: "Hã?"

Deus explicou:

"Todas as coisas são Uma só. Há apenas Uma Coisa, e Tudo é parte dessa Coisa que É.

"Portanto, o que você faz para o outro, faz para si mesmo: e o que você deixa de fazer para o outro, deixa de fazer para si mesmo."

O inverso também é verdadeiro. O que você faz para si mesmo, você faz para o outro; e o que você deixa de fazer para si mesmo, você deixa de fazer para o outro. (É por isso que tantas vezes se disse: "Se você não é capaz de amar a si mesmo, não será capaz de amar o outro.")

Mas agora vem uma parte *extremamente importante* da "fórmula misteriosa" de como a vida funciona. Agora vem...

O Efeito Multiplicador.

Mantendo o foco em si mesmo você limita a quantidade de energia gerada, porque *há apenas um de você*. No entanto, dirigindo o foco a outras pessoas você pega a quantidade de energia gerada e *multiplica* pelo número de pessoas nas quais você foca.

Isso é algo que nunca haviam me explicado. Agora que entendo, faz todo o sentido para mim. Se tudo é energia (e é) e se energia cria (e cria), então quanto mais energia você usa, mais rápida e magnificamente você vai criar!

E tudo o que você cria acaba vivenciando. Isso porque, em última análise, todas as coisas que se originam *de* você voltam *para* você. E *isso* se dá porque "não há mais ninguém na sala". Não há ninguém *a não ser você*, de múltiplas formas. O primeiro entre todos os princípios espirituais revelados em *Conversando com Deus* é exatamente este: "Somos Todos Um."

Até entender esse princípio e começar a trabalhar para curar todos os outros, eu, eu mesmo, era lento em curar — se parte de Mim não estava curado, como poderia eu ser completamente curado? Até entender isso e escolher genuinamente amar a todos os outros, eu, eu mesmo, era lento em ser amado — se parte de Mim não era amado, como poderia eu ser amado completamente? Até entender isso e procurar seriamente lembrar a todos os outros como Eles Realmente São, eu, eu mesmo, era lento em me lembrar Quem Realmente Sou — se parte de Mim não era lembrado, como poderia eu ser lembrado completamente?

Devemos nos conhecer na Íntegra, de forma que qualquer parte de nós seja um Todo.

Somos um holograma.

Portanto, faça para os outros como faria para você mesmo. Porque o que você faz para os outros *está* sendo feito para você — pela simples razão de que *não há "outros"*. Não há ninguém a não ser Você.

Você é um Aspecto Individualizado da Própria Divindade. E isso não foi dito muito alto, ou com muita freqüência, porque essa é a mais alta blasfêmia.

O medo é que se isso for propagado, com muita freqüência, a aceitação que algumas pessoas dedicaram à Criação Pessoal seja perdida. Porque justamente a verdade que a humanidade achou mais difícil de aceitar é a exata verdade que libertaria a humanidade para sempre.

É a Verdade Não Dita:

Deus e Nós Somos Um.

CAPÍTULO 17

Você não precisa se preocupar consigo mesmo

A Verdade Não Dita é um desafio direto para cada uma das idéias que a maioria das pessoas têm de si próprias — isso para não mencionar a idéia que elas tem de Deus. Essa verdade também é *crucial* para a questão de *como as coisas acontecem. Acima de tudo,* ela tem a ver com a maneira como a realidade *se torna* realidade.

Compreender (para não mencionar ensinar) o Processo da Criação Pessoal requer que falemos muito a respeito de Deus. Pode também ser benéfico falarmos muito *com* Deus.

Fiz isso em minhas conversas com Deus, e um pouco do que vou dizer neste capítulo pode ser encontrado em meus livros anteriores que detalham essas conversas. Se você leu um ou mais desses livros, o que vem a seguir será familiar. Por favor, permita-me fazer isso em nome daqueles que *não* leram esses escritos anteriores. (E note que não há mal nenhum em rever esses *insights.*)

Como eu já disse em diversas ocasiões, muitos mensageiros da "Lei da Atração" raramente mencionam a palavra "Deus". Acredito que isso se dê porque alguns desses escritores e cineastas acham que a idéia de que Deus é a fonte da Energia da Atração enfraquece a principal idéia defendida por eles — a de que o poder se encontra dentro de *você.*

Alguns desses mensageiros certamente julgaram que, para o público em geral, uma explicação que coloca o Processo da Criação Pessoal nas mãos das próprias pessoas é o mais interessante. Faça as pessoas se sentirem *poderosas,* algumas pela primeira vez na vida, e você terá dado a elas um grande presente.

Não discordo nem um milímetro disso. No entanto, acredito que se você não traz "Deus" para dentro do Processo da Criação Pessoal, vai ficar tentado a pensar que você é o único poder por trás do processo — em vez de pensar que você e Deus, em parceria, são a alma que alimenta o processo. Se você cair nessa tentação, estou certo de que será consideravelmente menos eficaz em manifestar o que deseja criar.

A Criação Pessoal é a maneira de Deus nos dizer: "Seu desejo é Minha ordem."

Para muitas pessoas isso é algo difícil de aceitar. Para elas, trata-se de uma maneira muito desafiadora de pensar em Deus. A maioria das pessoas que acredita em Deus pensa em Deus *nos* comandando. Essas pessoas não nos vêem comandando Deus. No entanto, Deus realmente diz a todos: "Seu desejo é Minha ordem."

Isso é verdade não porque Deus seja magnânimo, mas porque Ele é onipresente, não por causa da enormidade do amor de Deus, mas por causa da enormidade de Deus Propriamente Dito.

Deus é tão grande que não há um lugar onde Ele não esteja. Essa é mais uma verdade surpreendente sobre a vida que muitas pessoas não compreendem completamente — e que muitas religiões não *ajudam* as pessoas a compreenderem completamente.

Muitas pessoas pensam que em determinados aspectos Deus é *limitado*. Elas acreditam que há lugares onde Deus não está. E também que há algumas coisas que Deus não pode controlar. Ambas as idéias são imprecisas.

Vamos analisar primeiro a questão do controle.

Você não poderia erguer seu dedo mindinho se Deus não quisesse que você o erguesse. Tudo o que você faz — de fato, tudo o que acontece na Terra — se encontra dentro, não fora, da Vontade de Deus.

Há aqueles que dizem que isso ou aquilo "não é vontade de Deus". No entanto, se algo não fosse Vontade de Deus, como poderia acontecer?

Há aqueles que dizem que Deus permite que essas coisas aconteçam. Contudo, se Ele permite essas coisas, será que isso não faz delas uma Vontade de Deus? O que Deus permite pode ser considerado algo que Ele não *deseja* permitir? E, ainda, se Deus *deseja*, será que Ele não *tem vontade* de permitir? Qual é a diferença entre o "desejo" de Deus e a "vontade" de Deus?

Tudo é Vontade de Deus, e isso é provado pelo fato de que algo esteja acontecendo. Isso deve ser verdade... a não ser que nós verdadeiramente sejamos Filhos de um Deus Inferior.

Da mesma forma que Deus não é limitado em termos de poder, Ele não é limitado em termos de tamanho. Deus é *onipresente*. Ele está em todos os lugares. Isso significa que não há lugar onde Deus não esteja.

Nenhum lugar.

Essa idéia é teologicamente revolucionária. Ela anuncia a eterna presença realidade de Deus em todas as coisas, e como parte delas.

Até mesmo você.

Muitas pessoas acreditam que Deus está em todos os lugares, mas não acreditam que Ele habita dentro delas. Pode ser que elas digam isso por humildade, mas na verdade é o cúmulo da arrogância imaginar que Deus exista em todos os lugares no Universo *a não ser em você.*

Isso faria de seu corpo, de sua mente e de sua alma um terreno bastante exclusivo.

Se, por outro lado, aceitamos o que até mesmo as religiões tradicionais pregam — que Deus é o Alfa e o Ômega, o início e o fim, o Tudo — então devemos necessariamente concluir que Deus existe em nós.

Essa é uma grande conclusão, porque se isso está correto (e está), nós nos deparamos com a mais intrigante e significativa indagação: *Onde* é que Deus existe em nós? Em nosso dedo mindinho? Em nosso dedão do pé? Em nosso cérebro? Em nosso coração? Em nossa alma? (Será que temos mesmo uma alma?) (Sim.)

A resposta: se Deus realmente *é* o Tudo, o Alfa e o Ômega, então não pode haver qualquer lugar em nós em que Deus *não* esteja. De fato, não há qualquer lugar em *qualquer coisa* em que Ele não esteja. Deus está *em todos os lugares* e se manifesta em tudo.

Isso nos traz de volta à Verdade Não Dita. Se Deus está em todos os lugares em você, se não há lugar em você onde Ele não esteja, então Deus é *você.*

E tudo o *mais.*

Depois de entender isso, você nunca mais será capaz de imaginar que a vida seja sobre "você". Não no sentido de "você" tendo que ser, fazer ou possuir qualquer coisa em particular para ser feliz. Não no sentido de você "precisar" de qualquer coisa, ou depender de qualquer coisa para sobreviver.

Viver nessa verdade afasta em muito a possibilidade de se ver "envolvido" nos pequenos "dramas" diários da vida, como ela é hoje vivida pela maior parte das pessoas na Terra, e ainda proporciona uma nova perspectiva das tragédias e tumultos realmente relevantes da nossa espécie.

Durante cinqüenta anos vivi um caso de identidade trocada. Pensei que fosse separado de Deus. Agora sei que isso não é verdade e que Deus e eu somos Um. Isso não significa que "eu seja Deus" no sentido arrogante dessas palavras. Significa que "sou o que Deus é, e Deus é o que sou". Significa que de fato fui *feito* à imagem e semelhança de Deus!

E você também.

Num nível estritamente pessoal, isso significa que você não precisa de absolutamente nada, e então pode abandonar todos os seus "dramas" pessoais do dia-a-dia agora mesmo. Se você *é* tudo o que já imaginou que precisa ou deseja, o que há então para ser batalhado?

Você deseja amor? Você *é* amor. Você deseja abundância? Você *é* abundância. Você deseja compaixão, perdão, compreensão? Você *é* compaixão, perdão, compreensão.

Se você vive um caso de identidade trocada, pode ser que não vivencie essas coisas. A maneira mais rápida de vivenciar que você é essas coisas é sendo essas coisas. E a maneira mais rápida de vivenciar a si mesmo sendo essas coisas é dar essas coisas. Porque é dando que você se apropria e multiplica o ter, e é no ter que você vivencia e expande o ser, e é no ser que você acolhe e expressa o conhecimento de Quem Você É — e esse é o propósito de toda vida.

Então não saia por aí perguntando: *O que havemos de comer? O que havemos de beber? Com que havemos de nos vestir?* Busque, em primeiro lugar, o Reino de Deus e você receberá tudo isso.

Não se preocupe consigo mesmo. Sua vida estará em boas mãos. Preocupe-se com todas as pessoas de cujas vidas você participa e que não sabem disso.

Conversando com Deus deixa bem claro que sua sobrevivência nunca está em questão, e o último livro da série ressalta essa mensagem, apresentando-a com absoluta especificidade, explicando exatamente o que acontece durante a viagem eterna da alma.

Essa conversa nos diz que a própria Vida é um círculo interminável e que a energia dela está presente em todos os lugares, individualizando-se em você, em mim e em tudo o que é. Os aspectos individualizados da Divindade (a que chamamos de "almas") viajam por esse círculo interminável, do reino do absoluto ao relativo e de volta, do reino do espiritual ao físico e de volta, vezes e mais vezes durante todo o tempo, que é apenas um tempo: o único momento que existe (e que chamamos de Agora).

O propósito dessa viagem permanente é criar uma oportunidade eterna e um contexto infinito no qual possamos vivenciar e expressar, nos tornar e realizar, conhecer e recriar Quem Nós Somos.

Procuramos nos conhecer como aquilo que é Divino, em todos os aspectos da Divindade Propriamente Dita, e estamos usando Eternidade e Infinidade como nossas ferramentas para realizar isso. Eternidade e Infinidade são os maiores presentes de Deus.

Como é que a viagem pode ser eterna? Simples. Quando alcançamos o "fim" (definido como o último e total conhecimento e vivência de Quem Realmente Somos), simplesmente fazemos, como um Todo, o que temos feito como aspectos individualizados da Divindade: recriamos a Todos Nós de outra forma na próxima versão grandiosa da melhor visão que já tivemos sobre Quem Somos Nós. Depois individualizamos novamente e usamos o processo da vida mais uma vez para vivenciar aquela versão grandiosa, parte a parte.

Meu diálogo final com Deus nos dá uma idéia desse processo e de como os grandes Princípios da Vida funcionam. Veja um pequeno trecho:

Nesta trindade sagrada — Deus em três partes — sua mente é onde suas atividades conscientes acontecem. Portanto, pense apenas o que você escolher vivenciar, diga apenas o que você escolher tornar real, e use sua mente para, de maneira consciente, instruir seu corpo a fazer apenas o que você escolhe demonstrar como sua realidade mais elevada. Essa é a maneira como você cria no nível do consciente.

Olhe para isso atentamente. Não é isso o que todo mestre já fez? Algum mestre já fez mais? Não. Numa palavra, não.

CAPÍTULO 18

Por que nos esquecemos, e como isso acontece

Quanto mais nos tornamos algo, mais somos capazes de nos tornarmos alguma coisa; e quanto mais somos capazes de nos tornarmos algo, mais nos tornamos. Se não fosse assim, um dia a vida iria acabar, já que não haveria mais crescimento. E quando o crescimento pára, a vida pára, porque o processo da vida é o próprio crescimento.

A vida vai sempre se tornar uma versão ampliada de Si Própria. E quando a versão ampliada de Si Própria é realizada, conhecida e vivenciada, a Vida inventa uma versão ainda mais ampliada. Porque a Vida não quer acabar. Deus não quer não ser Deus. Ele não poderia. A única e exclusiva ação que Deus não pode realizar é Não Ser.

Isso é algo que você também não pode fazer. Mas você pode fazer uma coisa um tanto fora do comum. Você pode *esquecer quem você é*. E, de fato, você *fará* isso, de forma a poder vivenciar Quem Você É Novamente. De forma a vivenciar que você é Divino.

Por que é que o esquecimento é necessário? Na verdade é bem simples. Deus é o Criador. Isso significa que você é o Criador. Contudo, para você vivenciar a si mesmo como O Criador, teria de criar alguma coisa e tudo o que há para ser criado já foi criado. Tudo o que já foi, que é agora, e que vai ser algum dia *é agora*. O Tempo é uma invenção de Deus, permitindo que você veja tudo o que foi criado, *uma coisa de cada vez.*

Para vivenciar a si mesmo "criando" algo, você teria de ser capaz de não ver tudo de uma vez. *Foi por isso que o tempo foi inventado.* Já que você não é capaz de ver tudo de uma vez, não importa em qual "ponto" no "tempo" esteja, você não pode saber que tudo já foi criado.

...a não ser, é claro, que você se *lembre* disso.

É aí que o esquecimento entra.

O tempo cria a possibilidade da Memória. (No lugar do não-tempo, a "memória" tanto é impossível quanto sem sentido, já que tudo é percebido de uma vez, bem aqui, neste exato momento.)

A memória, como o tempo, é limitada. A eternidade não. Ela é atemporal. Porque tanto a memória quanto o tempo são limitados, e já que aquilo que é limitado não pode conter aquilo que é ilimitado, você não pode guardar na memória humana um conhecimento de todas as coisas que foram criadas em todos os "quando e onde" da eternidade.

A memória é limitada ao "então" e ao "lá", enquanto o Aqui e Agora não é de modo algum limitado, mas se estende para sempre através da eternidade e da infinitude. Mesmo em sua própria experiência terrena, note que é *sempre Aqui e Agora.* Não há *absolutamente qualquer outro tempo* que você possa vivenciar!

Você está acompanhando o meu raciocínio?

A Divindade, no fim das contas, é uma Experiência Única.

Deus deseja vivenciar a Si Próprio *sempre.* De fato, para todo o sempre e ainda mais. Então Deus inventou *você.*

Você, o tempo e tudo na vida são ferramentas de Deus, permitindo que Deus vivencie a Si Próprio de maneira interminável. Através dos dispositivos de tempo e de memória, que produzem a possibilidade do esquecimento, você é capaz de vivenciar o *criar novamente*. Esse ato de recriação é a Maior Alegria de Deus.

Quando você, como ser humano, "cria" algo do nada (que, é claro, é a forma como tudo é criado, já que tudo que foi criado pelos homens um dia foi apenas uma idéia na mente de alguém), o que você está na verdade fazendo é "lembrar" que isso já existe.

Todas as coisas já existem. Todos os efeitos, todas as circunstâncias, todos os resultados — todas as experiências concebíveis e as expressões de vida — já aconteceram e agora existem no Espaço Atemporal. Elas descansam com tranqüilidade em todos os "quando e onde" da eternidade (para usar a frase memorável de Robert Heinlein).

O que você está fazendo quando usa a Energia da Atração é magnetizar e evocar, do Campo de Possibilidades Infinitas, a experiência e a expressão de vida que você escolhe bem aqui, neste exato momento.

Com isso você mais uma vez vivencia ser um criador. E você pode "criar" (evocar) praticamente qualquer coisa que escolher, só precisa saber como a "escolha" é feita.

CAPÍTULO 19

Uma palavra sobre "pensamento negativo"

Há quem diga que o Processo da Criação Pessoal não permite que nada "negativo" seja pensado, observado ou falado. Posso entender como algumas pessoas chegaram a essa conclusão, mas ela é errônea.

Ninguém que ensine Criação Pessoal através do pensamento positivo sugeriria, por um momento sequer, que nem um único pensamento possa ser dedicado a condições existentes não adequadas ao sentido de quem você é e quem você escolhe ser.

Defensores do pensamento positivo desencorajam o pensamento negativo, é verdade, mas não desencorajam *todo e qualquer pensamento*. E um comentário não é negação. É só um comentário. "Parece que vai chover hoje" e "A cada hora quatro crianças morrem de fome neste planeta" não são comentários negativos. Isso não é jogar "energia negativa" por aí. Isso é apenas dizer o que é de fato.

Como você pode fazer alguma coisa a respeito do "que é de fato" se não pode nem ao menos *dizer* o que é de fato? Bem, é claro, você não pode. Então a doutrina do pensamento positivo não exige que você feche os olhos e ouvidos para o mundo. Não exige que você se torne uma Poliana e diga que tudo é maravilhoso, sem se importar com o quão horrível seja.

Chamar tudo de "perfeito" não é o mesmo que chamar tudo de "maravilhoso". Chamar uma condição de perfeita é apenas reconhecer que ela está alinhada exatamente com os objetivos da sua alma neste momento — que pode muito bem ser *mudar* a condição como um meio de conhecer, demonstrar e vivenciar Quem Você Realmente É.

Portanto, não há qualquer problema em comentar condições previamente criadas que não agradam a você, assumir a responsabilidade pelo seu papel na co-criação dessas condições, dizer uma palavra de gratidão pela existência delas e, então, escolher de novo, criando uma nova condição, sem julgamento, nem condenação. ("Não julgue e não condene.")

Defensores do pensamento positivo podem dizer sobre qualquer aspecto de sua vida comumente chamado de negativo: "Não pense nisso duas vezes." Mas eles nunca diriam: "Não pense nisso nem mesmo *uma* vez que seja."

Com certeza você tem de estar ciente do mundo à sua volta — o mundo que você e os outros coletivamente co-criaram em tempos e lugares que precederam este específico "quando e como". O conselho é simplesmente não *se estenda muito* nessas coisas que você não escolhe, mas ninguém disse para não *observá-las*.

Dizer a si mesmo a toda hora que você vive num mundo de sua total escolha não é o que os defensores do pensamento positivo estão sugerindo. Saber que você pode *viabilizar* uma escolha superior, se desejar realmente fazê-lo, é em que consiste o pensamento positivo.

Viver com a consciência de que o mundo é "perfeito" (idealmente adequado aos seus objetivos individuais e aos objetivos coletivos da humanidade) no momento em que você e os outros criam esse mundo, e sabendo que você pode formular uma nova definição da perfeição a qualquer momento, é viver como um mestre.

E você *pode* formular essa nova definição e criar essa nova realidade no instante em que desejar. Individualmente, isso é possível no momento em que você muda de idéia a respeito de qualquer coisa. Coletivamente, isso é possível quando a consciência coletiva se altera. Como acontece com a consciência individual, é possível para a consciência coletiva mudar a qualquer instante. A oportunidade estendida a todos os membros da raça humana é ter responsabilidade em relação aos acontecimentos.

Você é o criador de sua própria realidade, e estamos criando juntos a realidade que todos nós vivenciamos. Usando o poder de Deus em nós, estamos completamente no comando.

Essa é a Verdade Não Dita, integralmente dita.

CAPÍTULO 20

A verdadeira natureza de Deus

Ainda no início deste texto eu disse que o Processo da Criação Pessoal corresponde, na verdade, a três fenômenos interagindo como Um. O primeiro fenômeno tem a ver com Deus, o segundo tem a ver com você, e o terceiro com você e Deus juntos.

Eu disse que uma outra maneira de descrever isso seria que a Parte Um da "fórmula misteriosa da vida" é o *Eu Sou*, a Parte Dois é o *Você É*, e a Parte Três é o *Como*.

A tendência entre muitas pessoas é imaginar Deus — o *Eu Sou* — de uma maneira que *reduz* mais do que *reconhece* o poder de Deus. Se não somos cuidadosos, vamos acabar mais interessados em vivenciar Deus como uma *imagem* do que como um *poder*.

Agora vamos aprender mais a respeito do poder do *Eu Sou*.

Quando afinal chegamos à conclusão de que Deus não é simplesmente uma versão ampliada dos homens, com direito a toda a confusão emocional, as complexidades e as necessidades dos seres humanos (a necessidade de amor, o desejo de vingança, etc.), então chegamos à totalidade da Verdade Não Dita: Deus não é uma versão ampliada dos homens, os *homens* são uma versão menor de *Deus*.

É aí que começa o caminho para a total compreensão do maior de todos os mistérios da vida — porque isso é parte do mistério propriamente dito.

Sem dúvida, ao longo dos séculos, a identidade de Deus tem sido o maior mistério de todos. No entanto, isso não tem sido um mistério só porque Deus quis mantê-lo como um mistério, mas, sim, porque a *humanidade* o quis como tal.

(Ou, pelo menos, parte da humanidade.)

Houve um grande investimento entre os homens em continuar a pensar em Deus de determinado modo ou por meio de determinadas imagens. A maior parte das pessoas pensa em Deus como uma espécie de ser humano gigante; um "Nós" imensamente mais poderoso e infinitas vezes mais sábio. Muitas pessoas e muitas religiões deram até mesmo um gênero a Deus (masculino, na maioria das vezes) e uma raça (definitivamente não a negra). Isto é, *alguns* humanos o fizeram. Outros deram a Deus diferentes características.

Diz-se que, na verdade, poucas pessoas acreditam nessas idéias, mas que tais pensamentos são melhores do que nada. A mente precisa de algo em que possa se apoiar, algo que ela possa visualizar. No entanto, se as pessoas realmente não acreditam nessas coisas, em que, então, elas acreditam?

Acho que a maioria das pessoas diria a você que não sabe *em que* acreditar quando se trata da exata natureza, aparência ou característica de Deus.

Adoro contar a história da menina de seis anos de idade sentada à mesa da cozinha, dedicada aos seus trabalhos com papel e lápis cera.

Enternecida pela cena, sua mãe, às voltas com seu próprio trabalho na pia, lhe perguntou em voz alta:

— O que está desenhando, minha linda?

— Deus — a criança respondeu com a maior naturalidade.

— Oh, meu amor, que gracinha — a mãe sorriu —, mas, você sabe, ninguém realmente conhece a aparência de Deus.

— Bem — a menininha falou toda alegre —, deixa só eu *terminar* aqui...

Em março de 2007 participei de um encontro em Tóquio durante o qual discuti a verdadeira identidade de Deus. No início do programa, descrevi Deus da seguinte maneira:

"Deus não é um Super Ser no Céu, com as mesmas inclinações e necessidades emocionais que os seres humanos, inclusive necessidade de amor e de vingança. Deus é a Energia Essencial da Vida. Vocês podem chamar essa energia de Inteligência Pura.

"A Inteligência não se importa se vocês acreditam Nela ou não. Não se importa se vocês A utilizam de propósito ou não. Se vocês realmente A utilizarem de propósito, Ela não se importa *como* isso acontece. Ela não faz julgamentos a respeito de nada disso. De fato, Ela não faz julgamentos a respeito de qualquer coisa que seja.

"A Inteligência Pura não quer nada, não precisa de nada, não busca nada. Ela apenas é. Ela existe de uma maneira que permite a Ela mesma ser usada. Ela faz isso, permite isso, torna isso possível colocando a si própria dentro de Tudo.

"Seja para onde for que vocês olhem, vão encontrar a Inteligência Pura. Está na base de tudo o que existe. Flocos de neve refletem a Inteligência Pura. Os átomos minúsculos refletem a Inteligência Pura. O maior pedaço de céu noturno reflete a Inteligência Pura. O processo da Própria vida, examinado a cada nível, reflete a Inteligência Pura.

"A energia que estou aqui chamando de Inteligência Pura pode ser usada — está sendo usada — em cada nível de vida, pela Própria Vida. Vocês estão usando essa energia, mantendo o foco nessa energia, a cada segundo, de cada minuto, de cada hora, de cada dia... geralmente sem saber disso.

"O fato de que essa energia existe e a maneira de focá-la, usando-a, portanto, em proveito próprio, é o que tem sido chamado de 'O Segredo.' Um filme exatamente com esse título foi feito no ano passado e está sendo exibido agora.

"Essa energia à qual estou chamando de Inteligência Pura e que estou dizendo a vocês tratar-se de um outro nome para Deus, não tem opinião a respeito de nada. Isso acontece porque Ela não precisa de nada. De uma maneira singular, Ela é *sem* necessidades, apenas porque é *tudo o que existe, seja de que forma for*. Isso inclui não só o que é físico, mas também metafísico. Isso inclui tudo o que é espiritual e qualquer coisa, de qualquer forma, que apenas SEJA... até mesmo pensamentos, emoções, sentimentos, idéias, e sim, os buracos negros do espaço.

"Pensem a respeito disso. Se Deus é verdadeiramente tudo o que existe, seja lá em que forma for, o que no mundo poderia Deus querer, precisar ou exigir? Por que Deus nos puniria por não darmos a Deus o que imaginamos que queira, precise ou exija?

"A resposta para essas perguntas é óbvia. Ela precisa ser discutida detalhadamente, porque a lógica simples a revela para nós e deixa claro como fomos mantidos cativos pelas mitologias de nossa própria cultura e por seu passado.

"A oportunidade que se encontra diante de nós, e diante de todos os seres capazes de sentir, é usar a Energia essencial da Inteligência Pura da maneira que ela foi concebida para ser usada. Nem tudo o que existe no Universo pode usar essa Energia Essencial de maneira consciente. Isto é, com total ciência de si mesmo e com intenção. Apenas aqueles elementos da Vida Propriamente Dita que têm autoconsciência — isto é, são cientes de si mesmos — podem fazê-lo.

"Eu deveria corrigir essa última afirmação. Nem mesmo todos os elementos da vida que são cientes de si mesmos podem usar a Energia Essencial de maneira consciente. Não se trata apenas de uma questão de ser consciente, mas também do *nível* de consciência que um ser ou uma espécie tenha alcançado. Por exemplo, um cachorro, por mais que seja inteligente, não é suficientemente ciente de si mesmo (até onde sabemos) para ser capaz de usar a Energia Essencial com intenção.

"Seres humanos não são apenas cientes deles mesmos, são *cientes* de que são cientes, e, desse modo, passaram para pelo menos o Segundo Nível de Consciência. Esse nível de consciência permite que seres capazes de sentir notem a si mesmos e até mesmo notem a si mesmos notando a si mesmos. Isto é, somos capazes de nos posicionar 'do lado de fora de nós mesmos' e observar a nós mesmos fazendo o que estamos fazendo, pensando o que estamos pensando e dizendo o que estamos dizendo.

"Podemos até mesmo nos observar nos observando. Podemos recuar para o interior de nossa consciência, olhando através dos vãos das portas, tanto para frente quanto para trás — e, de acordo com algumas pessoas, finalmente ver e vivenciar nosso Eu Divino e Sagrado."

Quando concluí estas observações, pensei que tivesse sido razoavelmente "cuidadoso" em minha definição de Deus (deixei a parte a respeito de Deus ser *nós* para ser discutida mais tarde), por isso não estava preparado para que alguém na minha platéia entrasse em desespero por causa da minha descrição — mas agora entendo que deveria ter imaginado isso.

CAPÍTULO 21

Sua liberdade total é o maior presente de Deus

Quando terminei meus comentários, um homem no fundo da sala levantou-se e fez o que chamou de uma pergunta crucial.

— Quando li *Conversando com Deus* pela primeira vez fiquei muito emocionado, porque o livro me permitiu acreditar num Deus que era pessoal, um Deus que me amava. Agora estou confuso. Você acaba de descrever um Deus que nem mesmo é uma pessoa ou um ser, e que não se importa com o que eu faço ou com a maneira como minha vida se desenrola. Depois de ouvir essa sua descrição, estou desolado. Não era isso o que eu esperava ouvir hoje. É muito deprimente. Você pode me ajudar?

Foi uma pergunta maravilhosa. Uma pergunta de alguém que estava acompanhando cada palavra e ponderando cada nuança e implicação. Outros na platéia demonstraram concordar e assim, com seus rostos ansiosamente erguidos, contribuíram para dar força à indagação. Mudei meu peso de um pé para o outro, pigarreei e comecei a falar numa voz calma e firme, as palavras vindo de algum outro lugar para além da minha mente consciente.

"O fato de Deus ser Inteligência Pura não exclui a possibilidade de Deus tomar a forma de um Ser capaz de sentir. Realmente, se a

Inteligência Pura é a energia essencial de Tudo o que É, então ela presumivelmente pode assumir a forma de qualquer parte. Em outras palavras, 'Deus' pode 'aparecer' em nossas vidas de qualquer forma que seja desejada.

"Então aquilo a que chamamos de 'Deus' pode continuar a moldar a Si Mesmo como um Ser que parece muito humano, se é dessa maneira que Ele sente que será mais compreendido ou mais facilmente acolhido, a qualquer momento, por qualquer Aspecto Individualizado de Si Mesmo.

"De fato, acabei compreendendo que a energia que é Deus toma a forma exatamente daquilo ou daquele para quem Ele esteja se mostrando. E tanto é assim que, para seres humanos, Deus toma a forma de um ser humano.

"Contudo, Deus não é *limitado* a essa forma. Na verdade, Deus pode 'aparecer' *em qualquer forma que desejarmos* — incluindo energia pura e indiferenciada — e nós podemos dar a forma dessa energia indiferenciada a partir de qualquer coisa que escolhamos.

"Como? Usando o Processo da Criação Pessoal!"

Nesse momento a platéia se animou. De repente as peças se encaixavam.

"Antes de prosseguirmos", eu disse, "vamos falar sobre esse negócio de Deus não se importar e a idéia de que isso signifique que Deus não é amoroso.

"Não se importar com o que façamos não é a mesma coisa que não nos amar. Quero que vocês imaginem seus filhos, quando vão brincar no quintal. Por acaso vocês se importam com os jogos que eles escolhem? Faz diferença para vocês se eles brincam de pega-

pega, esconde-esconde ou pique? É claro que não. De fato, vocês nem mesmo sonhariam em intrometer-se na inventividade deles para determinar como devem usar o seu tempo livre.

"Tudo o que vocês dizem é: 'Agora vão brincar! Divirtam-se! Mas tomem cuidado. Procurem não se machucar! E *se vocês precisarem de mim, estarei bem aqui*.'

"Isso é o que Deus nos diz. O fato de Deus não se importar com o que fazemos é um sinal do *quanto* Deus nos ama, não do quão pouco Ele nos ama! Porque a *liberdade* para ser, fazer e ter o que escolhemos é a maior de todas as alegrias. É o maior tesouro e o mais formidável presente que Deus poderia nos dar. Até mesmo as religiões tradicionais ensinam que Deus nos deu esse presente, que é chamado de Livre-arbítrio."

Mais uma vez, gestos de reconhecimento e compreensão percorreram a platéia como uma onda. Era possível perceber que as pessoas estavam "entendendo o que eu dizia". As coisas se encaixavam em suas mentes.

"Agora, voltando à Natureza fundamental de Deus... eu disse que Deus pode 'aparecer' de qualquer maneira que desejarmos — incluindo um homem velho de barba, um raio de luz dourada, ou energia pura e indiferenciada — exatamente da mesma maneira que podemos assumir a forma de qualquer coisa que seja da *nossa* escolha.

"Nós podemos, é verdade. Só que fazemos isso uma célula por vez, e aquele a quem chamamos de Deus faz tudo de uma só vez.

"Recentemente a ciência médica compreendeu com mais profundidade as chamadas 'células-tronco'. Vocês sabem o que são células-tronco? São células no corpo que não têm absolutamente qualquer característica em particular. Mas podem *adotar* características, renovando a si próprias através da divisão de células e se diferenciando numa ampla variedade de tipos especializados de células.

"*Conversando com Deus* diz que o propósito da vida é recriar a nós mesmos de outra forma na próxima versão grandiosa da melhor visão que já tivemos a respeito de Quem Nós Somos. *É justamente isso o que está acontecendo em seu corpo neste exato momento.*

"Agora a ciência médica aprendeu que células-tronco podem ser 'induzidas' a se tornarem células de *absolutamente qualquer parte do corpo...* incluindo células do coração ou do cérebro!

"Então, se Deus pode criar algo tão maravilhoso quanto células indiferenciadas em todos os organismos multicelulares, que podem se tornar qualquer parte do corpo, o que você supõe que Deus possa fazer com *Ele* próprio?"

A platéia ficou em silêncio.

"Poderíamos chamar Deus simplesmente de Vida Indiferenciada, a partir da qual toda Vida Individualizada surge? Seria muito mirabolante imaginar Deus como a Mãe de Todas as Células-Tronco?"

CAPÍTULO 22

O Mecanismo da Manifestação

Chegamos ao fim da Parte Um do Processo da Criação Pessoal, a que chamei de *Eu sou*. Deus é a *forma sem forma*. Deus é *vida*, a energia essencial, básica, fundamental, o primeiro e único elemento, em *forma indiferenciada*.

Agora tratemos da Parte Dois: a que chamei de *Você É*. Esta é a Verdade Não Dita a respeito do processo, esta é a verdade *por trás* da verdade: Você é uma *diferenciação da Forma Indiferenciada que é Deus*.

Deixe-me repetir isso, de forma que a impressionante implicação não se perca. *Você é uma diferenciação da Forma Indiferenciada que é Deus.*

Uma parte do que Deus é se diferenciou como *nós*, e uma parte da energia ilimitada que Deus é permanece indiferenciada — esperando que nós a diferenciemos!

Agora as coisas se tornam um pouco complicadas aqui, então... sim, você já sabe... continue acompanhando.

Como mencionei diversas vezes até aqui, Deus já se diferenciou na esfera do Não-Tempo em toda forma que já foi, que é agora e que será um dia. O trabalho da vida está feito. Sua missão foi concluída. A vida já se individualizou em tudo. Isso significa que tudo no Campo das Infinitas Possibilidades *já* está lá, *totalmente pronto*!

Só o que precisamos fazer é evocar isso tudo e trazer para a nossa realidade. Essa é a parte Três do Processo da Criação Pessoal, a parte do *Como*! Livros e mais livros foram escritos a esse respeito, mas nenhum tentou explicar a sério o *mecanismo* por meio do qual a manifestação funciona.

Agora sabemos que da mesma forma que a ciência médica pode "induzir" células-tronco a assumir a forma de qualquer célula, a ponto de criar tecido cardíaco, ossos e até mesmo tecido cerebral para substituir partes do corpo danificadas, Deus também pode "induzir" Sua Forma Indiferenciada ao assumir qualquer forma física ou não-física — e já o fez! Essas muitas formas e aparências são o que chamamos de *vida*!

(Um exemplo de uma "forma não-física" é um sentimento. Por exemplo, Deus pode aparecer na vida de uma pessoa na forma de amor. Ou de um sentimento de perdão. Ou — como muitas vezes acontece no momento da morte de uma pessoa — de uma sensação de estar totalmente seguro, acolhido e "em casa". Esses sentimentos são Deus, de forma não-física.)

O *Mecanismo da Manifestação* é um processo que começa com o ato de nos "lembrarmos" de Quem Realmente Somos (somos uma das formas desse "Deus de muitas formas"), de tudo o que já fizemos (nós criamos tudo o que é) e, por fim, dos aspectos específicos do que já foi criado.

Quando separamos de Deus os nossos Eus a fim de produzir a experiência da Individualização, estamos desmembrando de todas as nossas criações o nosso Eu Divino.

Porém, quando escolhemos manifestar qualquer aspecto do Nosso Eu Divino em nossa realidade, tudo o que temos de fazer é lembrar dessa criação. *Fazemos isso por meio das expressões da vida chamadas pensamentos, palavras, ações e sentimentos.*

Como isso funciona? Bem, é de fato muito simples. Tudo na vida é energia. *Tudo.* Tudo na vida está vibrando. *Tudo.* A vibração é o movimento da energia. É A Essência manifestando a Si Mesma de forma diferenciada por meio do elegante processo de movimento.

Tudo é conectado a tudo o mais. *Tudo.* Não há *nada* que seja "desconectado" ou "desmembrado". Nós apenas *achamos* que há. A desconexão e o desmembramento são impossíveis.

O Tudo de Tudo é realmente uma *matriz* enorme, maior do aquilo que pode ser compreendido. A matriz está vibrando em freqüências diferenciadas e em diferentes localizações. Essas diferenças poderiam ser chamadas de perturbações localizadas no campo de energia — como uma pedra jogada num lago.

Você é uma perturbação localizada. Assim como são seus pensamentos, suas palavras, suas ações. As palavras vibram. Os pensamentos vibram. As ações vibram. As palavras não passam de sons, é claro, e o som não passa de vibração de energia em determinadas freqüências. Pensamentos são menos densos e, então, vibram em diferentes freqüências. Ações são mais densas e vibram ainda em outras freqüências.

O ato de "criação" é simplesmente o ato de sintonizar na vibração daquilo que já existe no Tudo de Tudo e cuja sintonia atrai aquilo que já foi criado para você. Na verdade, você não está "criando" nada, apenas notando o que já foi criado e, então, magnetizando essa criação — ou *atraindo-a.*

O processo de *atração* é simplesmente uma questão de ajustar sua própria energia para equipará-la à energia daquilo que você deseja vivenciar. Mais uma vez, você não está criando nada, está apenas vivenciando o que foi *anteriormente criado.* Você faz isso puxando para si o que já foi criado, "invocando" isso do Campo de Infinitas Possibilidades, por meio de uma equiparação de energias.

Em *Conversando com Deus* conhecemos as três ferramentas da criação: Pensamento, Palavra e Ação. Tudo o que você pensa, tudo o que você diz e tudo o que você faz cria energia e, dessa maneira, cria a sua realidade. Porque a sua "realidade" *nada mais é do que o somatório total das suas energias e das energias que elas atraem.*

O *Mecanismo da Manifestação* é apenas "equiparação de energia". É o sintonizar da vibração para que ela *ressoe* com aquele aspecto da energia universal que uma Individualização deseja vivenciar.

A palavra "Realidade" significa "aquilo que está sendo vivenciado *bem aqui, neste exato momento*". Lembre-se de que essa é a *única* coisa que pode ser vivenciada. Você não pode vivenciar o ontem, só pode lembrar-se dele. Você não pode experimentar o amanhã, apenas antecipá-lo. A *única coisa no Universo* que você pode vivenciar é o Aqui e Agora.

Nada é de fato "real". Uma coisa só é "real" na medida em que você a está vivenciando. Outra maneira de dizer isso é que vivenciando algo, você o *torna* real.

Vivenciar tem tudo a ver com ressoar. Tem a ver com as energias da Essência que você atrai para si e através de você, bem aqui, neste exato momento. Isso você chama de "criação".

Criação é ressonância.

Quando você tem uma "idéia" a respeito de alguma coisa, ou "visualiza" algo (como inventores fazem com freqüência), o que está fazendo, na verdade, é lembrar dessa coisa como ela já existe. Se não existisse, *você não poderia pensar nela.*

"Pensar" é o ato de *reaver*. É um processo de alcançar o interior da Consciência Coletiva Eterna e resgatar dados. Trata-se da ressonância espontânea de uma Individuação local da Divindade com um aspecto de Divindade universal. É uma equiparação de uma Parte de Tudo com o Tudo de Tudo.

É por isso que o foco mental e intencional é tão poderoso e tão vital para o processo criativo (resgate). Por meio desse processo do pensar intencionado e do sentir profundo, não DEScobrimos tanto quanto REcuperamos aquilo que vínhamos desejando. ("Mesmo antes de você perguntar, eu vou ter respondido.")

Essa percepção pode muitas vezes nos ocorrer de forma abrupta, vinda do nada. De repente compreendemos — ou *tornamos real* — algo que sempre esteve lá.

Chamo esse processo da lembrança súbita de "resgate espiritual". É algo muito parecido com a descoberta científica, só que num plano metafísico. Da mesma forma que a descoberta científica é a manifestação de algo *já latente* na ordem da natureza, o resgate espiritual também é a manifestação de algo *já latente* na ordem da super-natureza (ou o que alguns chamaram de sobrenatural — ou, se você preferir... Deus).

Uma compreensão intelectual desse processo pode nos ajudar a nos engajarmos no processo em si. Quando sabemos o que estamos fazendo — e por que — ficamos mais aptos a fazê-lo.

A Energia Essencial da Vida poderia ser descrita como frágil, etérea, delicada. Está espalhada por todos os lugares ao mesmo tempo. A função da criação é magnetizar e ampliar essa energia, atraindo-a para você e tornando-a maior em sua vivência.

Sentir é uma maneira poderosa de fazer isso. O ato de sentir concentra energias num padrão de ondas ressonantes. Quando você quiser se manifestar, procure não apenas pensar numa coisa, mas senti-la também. *Sinta* como seria ter essa coisa. *Sinta* como seria vivenciar isso. Sentir sintoniza o campo mórfico que envolve você e para o qual você contribui quando emite energia — o que você faz a cada momento. Sentir é a maneira que encontramos de identificar e ampliar a energia da qual desejamos vivenciar mais, por meio de uma ressonância com ela.

À medida que nos tornamos mais e mais cientes de como o *Mecanismo da Manifestação* funciona, nos daremos conta de que somos capazes de manifestar mais facilmente muitas coisas em nossas vidas. Não apenas objetos e experiências físicas, mas sentimentos e percepções não-físicas.

Assim, podemos manifestar não apenas dinheiro, mas a vivência chamada Meio de Subsistência Adequado; não apenas um companheiro, mas a vivência chamada Amor; não apenas uma solução física para um problema, mas a vivência chamada Sabedoria. Assim, podemos manifestar perdão, compaixão, compreensão, alegria, felicidade... e paz.

Paz na Terra e boa vontade a todos os humanos, em todos os lugares.

Finalmente.

CAPÍTULO 23

Por que o processo da criação tem sido mantido em segredo

Vamos falar claramente por que tantas pessoas que acreditam num Deus a quem recorrem ficam perturbadas com a idéia de um "poder" que existe dentro de cada um de nós e nos permite criar nossa própria realidade.

Quando temos que nos dirigir a Deus (isto é, a um Deus que existe fora de nós, separado de nós, distante de nós) para conseguir ajuda em tempos de necessidade ou para conseguir alguma coisa que sinceramente desejamos em nossa vida, a suposição é a de que temos de obedecer às Suas leis, a fim de receber uma resposta afirmativa. Temos de estar *nas boas graças* de Deus para que Ele nos abençoe. Temos de ser bons com Deus se queremos que Deus seja bom conosco. É como uma troca.

Aprendemos que Deus não abençoa aqueles que O desobedecem ou que O ignoram ou que não se aproximam Dele da *maneira certa*. De fato, Deus fará mais do que deixar de abençoar tais pessoas. Deus irá condená-las à danação eterna. Irá fazer com que elas queimem no fogo eterno do inferno.

Contudo, se temos o poder *dentro de nós* para criarmos o que desejamos, isso significa que *não precisamos ser pessoas boas para conseguirmos isso*. Em resumo, não temos de obedecer à Lei de Deus se podemos usar a Energia da Atração e a Criação Pessoal. Isso tira o poder das mãos daqueles que nos diriam quais SÃO as Leis de Deus.

As implicações dessa última frase são enormes. E *têm* sido ao longo de toda a história da humanidade. Razão pela qual, ao longo da história, aqueles que nos diriam *qual é* a Lei de Deus fizeram prisioneiros aqueles que nos diriam que o Reino dos Céus se encontra dentro de nós, razão por que chegaram muitas vezes até a matar essas pessoas.

Há uma questão sobre a qual você pode ter certeza de que a maior parte das religiões do mundo concorda. Essas religiões podem não concordar em tudo, mas garanto a você que a maioria vai concordar *nisto*: O poder de controlar sua própria realidade, de ser *mais feliz que Deus*, para criar riqueza, fama, amor e alegria em sua vida (para não falar de paz na Terra), *não* se encontra dentro de você, e imaginar que se encontre é arrogante e espiritualmente perigoso.

Deus controla sua vida de acordo com a Vontade Dele, e seu trabalho é obedecer à Vontade de Deus, submeter-se à Vontade de Deus, cumprir as ordens de Deus e, se quiser algo para si, esperar, implorar e rezar que seja Vontade de Deus que você receba isso.

Segundo a crença religiosa, aqui há outra ameaça. Quando nos dirigimos a Deus em busca de ajuda, ou pedimos a Ele que crie o que sinceramente desejamos, não há garantia de que Ele nos atenderá — ainda que *estejamos* obedecendo às Suas Leis. Até mesmo as pessoas boas, até mesmo as pessoas maravilhosas, fizeram preces que não foram atendidas. E quando elas perguntam a respeito disso, quando elas correm para seus padres, rabinos e ulemás e imploram para saber — *Por que Deus não atendeu ao meu pedido? Então não fui um bom e fiel servo?* — o que ouvem é o seguinte: "Misteriosos são os caminhos do Senhor. O seu não é questioná-los, mas aceitá-los."

No entanto, sabe-se que a Criação Pessoal funciona *sempre*. Deus pode dizer "não", mas a Criação Pessoal só diz "sim". A Criação Pessoal sempre produz resultados. É apenas uma questão de para onde você direciona sua atenção, daquilo que você sente com mais intensidade.

Essa é a grande ameaça da Criação Pessoal — e a razão pela qual ela foi mantida em segredo.

Enquanto pensarmos que Deus pode dizer "não" para qualquer dos nossos pedidos, faremos seja lá o que considerarmos necessário (ou seja lá o que nos disserem ser necessário) para *conseguirmos que Deus diga "sim"*. E é aí que o controle é exercido pela religião, porque é a religião que nos diz o que devemos fazer para conseguirmos um "sim" de Deus!

A Criação Pessoal, por outro lado, responde com um "sim" a *cada um* dos pedidos — e cada pensamento é um pedido, cada palavra é um pedido, cada ação é um pedido.

Se o processo de fato funciona, então um poder criativo extraordinário foi colocado em nossas mãos. Na opinião de algumas religiões organizadas, esse poder criativo é mais do que *excessivo* e atrapalha quem precisa continuar a justificar dogmas, doutrinas, decretos e decisões.

Assim, se você tenta "criar" algo *de acordo com o seu próprio livre-arbítrio*, pode ser acusado de apostasia, um ato de rebeldia que não é diferente do ato de Satanás. Porque ele também (os mais fervorosos nos dizem), em sua húbris, proclamou ter o Poder de Deus, ser igual a Deus, ser tão glorioso quanto Deus e, por causa disso, foi expulso do céu e condenado à interminável tortura de separação do Divino, na companhia daqueles desgraçados o suficiente para serem mandados até Hades a fim de juntarem-se a ele.

O verdadeiro perigo da Criação Pessoal é que ela envolve pensar em si mesmo de uma nova maneira... e pensar em *Deus* de uma nova maneira.

Essas são as duas coisas inacreditáveis que Jesus nos convidou a fazer e ele foi crucificado por isso.

Pense em você de uma nova maneira, ele disse, e pense em Deus de uma nova maneira. Ele não disse isso com essas palavras, mas as palavras que usou significavam exatamente o mesmo. E ele também disse outras coisas, revelando a Grande Verdade de forma bastante direta.

As idéias que Jesus compartilhava com as pessoas de seu tempo atingiram o seu mundo como um raio. Ele saiu por aí dizendo coisas do tipo: "Pedi e recebereis; buscai e achareis; batei, e a porta vos será aberta. Pois todo o que pede, recebe; o que busca, acha; e àquele que bate, a porta será aberta."

Com certeza, isso é exatamente em que consiste a Criação Pessoal. É exatamente o que professores como Émile Coué, o dr. rev. Norman Vincent Peale e Harold Sherman estavam tentando nos dizer muitos anos atrás. É exatamente o que Esther e Jerry Hicks estão dizendo hoje (e têm dito há muitos anos), é o que Wayne Dyer compartilha conosco e também o que *Conversando com Deus* articulou de maneira tão acessível e emocionante. É ainda o que muitos professores e mensageiros têm nos convidado a aceitar há centenas de anos.

É verdade que nem todos os mensageiros que falaram da Criação Pessoal ao longo dos anos deixaram claro que o que estamos usando é o poder de Deus. Mas Jesus *foi* claro. Ele disse: "...qual de vocês, se seu filho pedir pão, lhe dará uma pedra? Ou se pedir peixe, lhe dará uma cobra? Se até vocês, que são maus, sabem como dar boas coisas aos seus filhos, imaginem quanto mais o Pai de vocês, que está nos céus, dará coisas boas aos que lhe pedirem!"

Então aí está o elo perdido.

Como foi mencionado, algumas pessoas que ouvem falar da Criação Pessoal adotam uma postura crítica com relação ao assunto por julgarem que seres humanos estão sendo encorajados a contar consigo mesmos e a *excluir* Deus. Na verdade, mestres mensageiros estão encorajando seres humanos a contar consigo mesmos e a *incluir* Deus.

Contudo, esses críticos têm um argumento válido, já que para muitas pessoas algo de extrema importância não foi dito. Não disseram a elas que...

A Energia da Atração é um dos grandes Princípios da Vida e que esses princípios são um Processo de Deus.

Não disseram a elas que...

Usar a Energia da Atração é apenas uma outra maneira de usar Deus.

Quando entende esse processo e como ele funciona, você não tem se *preocupar com nada*. Jesus disse isso de maneira muito clara. Que tal revermos suas palavras?

"Então, não saia por aí perguntando: '*O que havemos de comer?*' ou '*O que havemos de beber?*' ou '*Com que nos havemos de vestir?*'... Buscai, pois, em primeiro lugar, o Reino de Deus e todas essas coisas vos serão acrescentadas."

"*Ah-rá!*", os mais fervorosos poderiam exclamar, "*aí está!*" Jesus declarou sem rodeios que o processo dizia respeito a *recorrer a Deus*. Já chega de recorrer a *você mesmo!* Jesus disse: 'Buscai, pois, em primeiro lugar, o Reino de Deus!"

Você pode imaginar, então, o quão desconcertante poderia ser para eles descobrir que Jesus também disse, muitas vezes: "O Reino de Deus está dentro de vocês."

CAPÍTULO 24

A melhor maneira de alcançar objetivos pessoais

Por mais que todos os mestres espirituais ao longo dos séculos tenham nos aconselhado a não nos preocuparmos com o nosso eu, quero repetir que não há problema algum em se ter objetivos pessoais na vida.

Quero salientar também que no momento em que entendermos que ajudar os *outros* a alcançarem seus objetivos e a viverem a vida com a qual sonharam é a maneira melhor e mais rápida de alcançar todos os nossos objetivos e de viver a vida com a qual sonhamos, aí sim teremos encontrado a chave para a felicidade.

Garanto a você que não estou inventando isso. Não se trata de uma boa idéia minha. Essa foi a experiência de muitas pessoas que fizeram de suas vidas um grande sucesso. Leia as citações abaixo. Apenas leia-as e absorva-as. Essas palavras são de pessoas que têm motivos para saber Como a Vida Funciona.

> *Ajudando os outros, estaremos nos ajudando, porque seja qual for o bem que estejamos distribuindo, este bem vai completar o círculo e voltar para nós.*
>
> — Flora Edwards

Nosso principal objetivo na vida é ajudar os outros.

— Dalai Lama

Ajude os outros a alcançarem os seus sonhos e alcançará o seu.

— Les Brown

É a mais pura verdade que você pode ser mais bem-sucedido, e de maneira mais rápida, se ajudar os outros a serem bem-sucedidos.

— Napoleon Hill

Você pode ter qualquer coisa que quiser no mundo, basta ajudar suficientemente outras pessoas a conseguirem o que desejam.

— Zig Ziglar

Acho intrigante que tantas pessoas tão bem-sucedidas tenham mencionado a mesma fórmula, a mesma compreensão, o mesmo *insight,* a mesma abordagem, a mesma descrição básica de um modo de vida que nos foi dado tanto tempo atrás...

Façam aos outros o que vocês querem que eles lhes façam.

Quando enxergarmos os outros como Divinos e quando *tratarmos* os outros como Divinos, a Energia da Atração será, afinal, usada como foi concebida para ser usada: para trazer até nós a nossa realidade.

E não apenas para alguns de nós, mas para todos nós; não apenas para alguns poucos de nós, mas para até o último de nós.

CAPÍTULO 25

O processo da Criação Pessoal e a dor no mundo

A esta altura você deve estar se perguntando sobre aquelas 17 Medidas para uma Felicidade Maior, e quero que saiba que logo trataremos delas. Mas antes de nos aprofundarmos demais em como você, pessoalmente, pode ser *mais feliz que Deus*, devemos nos voltar para uma questão que abordamos apenas de passagem, bem no começo deste livro, mas que prometi explorar e explicar antes de nos despedirmos.

O que dizer das pessoas que estão sofrendo, que estão sentindo dor, que são oprimidas e vivem na miséria?

Para a maioria dos "pensadores positivos" e dos defensores da Criação Pessoal parece não haver resposta para o tipo de crítica mordaz que reproduzi anteriormente.

Para refrescar sua memória...

A parte mais ofensiva da mensagem é, disparado, a sugestão de que as pessoas que têm dor em suas vidas estão de certa forma atraindo essa dor com seus pensamentos. Vítimas de estupro em Darfur não pediram isso. Crianças que são molestadas não pediram isso. Africanos esfomeados não pediram isso.

Sugerir que o "pensar incorreto" dessas pessoas seja a causa disso é repugnante...

Se "pensar incorreto" *não* é a causa de todo esse sofrimento, então o que é? Destino?

A resposta é, obviamente, que a maneira de pensar da humanidade é que é a causa de origem do grande sofrimento da humanidade, no entanto, essa questão não é tão simples. Porque não é apenas o pensar daqueles que estão sofrendo. É o pensar de todo mundo.

É verdade que muitos daqueles que estão sofrendo — que estão vivendo em constante tumulto ou numa pobreza abjeta — acostumaram-se a considerar a situação em que se encontram como o seu "quinhão na vida". Eles se deram por vencidos, desistiram. Rejeitaram a rebelião não-violenta, pacífica, como inútil ou impossível, e com seu consentimento silencioso eles, sem perceber, certamente não de maneira proposital, estenderam as condições que herdaram daqueles de sua cultura ou sociedade anterior.

Então, até certo ponto *é* o pensamento daqueles que estão sofrendo, é o seu contínuo pensamento subconsciente e inconsciente, que representa um papel em criar as realidades que eles enfrentam. É claro que eles não pediram aquelas condições e experiências. Não é isso que está sendo dito aqui. Entretanto, negar que o estado de espírito contínuo e permanente de muitas pessoas no interior de uma cultura não tenha a ver com a experiência daquela cultura é negar as evidências bem diante de nós.

Mas neste momento seria interessante comentar — na verdade *deve* ser comentado — que em ampla medida o sofrimento de culturas e povos inteiros é também criado pela consciência coletiva daqueles que estão em outros lugares e que *não estão* sofrendo. Porque são muitos daqueles que não estão sofrendo que permitem a continuação do sofrimento de outros: ignoram os pedidos de ajuda e com freqüência dizem que num certo grau é culpa deles mesmos, ou pelo menos, com certeza, sua própria responsabilidade.

Esse tipo de consciência, associado à desesperança daqueles que *estão* sofrendo, cria um *muro de pensamento* virtual que seria difícil para qualquer grupo ou indivíduo suplantar, atravessar ou desviar.

Deve-se compreender que a Criação Pessoal trabalha tanto de maneira coletiva quanto individual, e é isso o que está sendo discutido aqui. Existe algo chamado *consciência coletiva*, o qual é muito poderoso. O pensamento combinado de muitos realmente atua na vivência combinada de poucos.

De fato, o "destino" é a razão pela qual um grande número de pessoas sofre enquanto outras não sofrem.

O "destino" é criado pela soma total das idéias de todo mundo a respeito de uma coisa. É muito difícil (mas não de todo impossível) para um indivíduo em qualquer grupo fechado ou sociedade superar a soma total das idéias de todo mundo *no interior* dessa sociedade, isso sem mencionar os que estão fora dela.

Alguns indivíduos conseguiram superar esse enorme obstáculo de energia e, contra todas as expectativas, elevaram-se a incríveis alturas em sociedades ou grupos, o que muitos outros não conseguiram. Com freqüência chamamos esses indivíduos de "heróis", erguemos estátuas a eles, batizamos pontes e edifícios em sua homenagem e colocamos seus retratos em nosso dinheiro. Enquanto outros sofreram, eles foram bem-sucedidos. No entanto, o que faz a diferença? Como isso pode acontecer?

A resposta, inevitavelmente, tem a ver com a maneira como esses indivíduos estavam pensando. Tem a ver com a imagem que eles tinham de si próprios em relação ao todo. Tem a ver com a maneira como eles foram capazes de *superar* a consciência à sua volta, e, de fato, a consciência coletiva de gigantescas parcelas da humanidade trabalhando contra eles. Tem a ver com eles usando o poder da determinação e do compromisso individual e suas mais íntimas imagens de Quem Eles São em relação a tudo e a todos ao seu redor.

De fato, praticamente não há questionamento a respeito disso. Quando você conversa com tais indivíduos, isso é exatamente o que a maioria deles vai lhe dizer. É o que eles dizem para turmas que estão se formando no ensino médio e na faculdade, onde são inevitavelmente convidados a fazer discursos de formatura. Todos querem saber *como foi que conseguiram?* Qual é o *segredo do sucesso* deles?

Muito poucos, uma percentagem mínima deles, vai lhe dizer: "Oh, não fiz nada. Não tive nada a ver com isso. Foi um golpe de sorte". A maior parte vai dizer a essas turmas de formandos: "Não se enganem quanto a isso. Vocês fazem sua própria sorte".

Isso se aplica às crianças famintas na África? Às mulheres violentadas de Darfur?

Não. É claro que não. Não no sentido específico. As pessoas não estão fazendo sua própria sorte sentando e imaginando-se em tais situações ou conscientemente usando o "pensar incorreto" e assim colocando-se nessas situações.

É verdade, como foi mencionado anteriormente, que algumas pessoas, em todas as sociedades e culturas, temem certas coisas e, sem consciência disso, fixam-se nesses medos a tal ponto que realmente atraem para si algo que temem. E, sim, uma cultura do sofrimento *pode* se desenvolver. Mas não é disso que os outros estão falando quando dizem que consideram repugnante a insinuação de que as pessoas causam seus próprios problemas por meio do "pensar incorreto".

Essa afirmação também soa falsa em meu coração. No entanto, sei que aquilo que pode e de fato acontece é que a energia poderosa da consciência coletiva — talvez a mais poderosa força criativa — introduz experiências infelizes e resultados trágicos em *todas* as nossas vidas... resultados nos quais indivíduos caem como presas, apesar de obviamente não fazerem essa escolha de maneira consciente.

Pode a consciência coletiva, então, superar a escolha consciente individual? Sim. Tem ela de permanecer assim para cada indivíduo? Não.

Jesus mesmo exclamou: *Eli, Eli, lama sabachthani*? E algumas pessoas se lembram de que ele pronunciava, no momento de seu próprio sofrimento, palavras do Velho Testamento, que ele, é claro, conhecia bem...

"Meu Deus, meu Deus, por que me abandonaste?" (Salmos 22:1).

A enorme consciência coletiva pode superar a consciência e a percepção individuais, por isso é tão importante — e por isso é tão vital elevar a consciência coletiva da humanidade.

A maneira de elevar a consciência coletiva da humanidade é, obviamente, elevar a consciência *individual* dos seres humanos. Motivo pelo qual contar às pessoas a respeito da Criação Pessoal é bom, não ruim; afirmativo, não negativo; algo a ser encorajado, não algo a ser reprimido, ridicularizado e "tachado de errado" só porque alguém não está entendendo todas as palavras com exatidão.

Assim, sabemos que até mesmo mestres espirituais da mais alta ordem podem se ver sob o efeito da consciência de massa. Vemos, então, que, com certeza, o sofrido povo de Darfur, os esfomeados na África, as crianças molestadas e outros que são profundamente atingidos em nosso mundo, como indivíduos e como coletividade, decerto não têm "responsabilidade" nisso.

No entanto não se trata de ter "responsabilidade" ou não. (A propósito, ninguém que esteja ensinando a respeito da Criação Pessoal ou da Energia da Atração jamais sugeriu tal coisa. Isso é uma falácia, uma conclusão forjada por aqueles que estariam empenhados em caracterizar injustamente a mensagem dessas pessoas.) A questão é saber se o Dom Divino da Criação Pessoal dado a todos os seres humanos pode ser usado para aliviar tal sofrimento ou não.

E a resposta, claro, é sim.

Jesus representa um exemplo emocionante disso. Está claro que não foi vítima de suas circunstâncias, mas o criador delas. Seu apelo a Deus foi um momento de esquecimento. Fico tão satisfeito que isso tenha sido registrado na Bíblia, porque sinaliza a todos nós que até mesmo o maior dos mestres pode ter um momento de esquecimento, e nos dá muita esperança quando nós, também, experimentamos tal fraqueza da memória e imaginamos a nós mesmos como vítimas das nossas circunstâncias, e não como responsáveis.

No entanto, no momento seguinte, Jesus alcançou sua própria compreensão mais elevada, usando a Criação Pessoal para continuar em sua jornada, e nós podemos fazer o mesmo. Aquele foi também seu exemplo a ser seguido por nós. E ainda houve outros ao longo da história humana que, igualmente, foram exemplos para nós, mesmo em tempos de seu maior sofrimento. Entre os contemporâneos, Nelson Mandela me vem à cabeça.

(Estou certo de que o Sr. Mandela se sentiria desconfortável ao ser citado no mesmo contexto de Jesus. No entanto, não foi sua resposta aos seus opressores digna de Cristo? E não é verdade que ele representa um exemplo não apenas para seu próprio povo, mas para o mundo inteiro?)

Agora, entretanto, precisamos nos fazer uma pergunta. Se todos os seres humanos podem agir dessa forma, mesmo em meio ao esquecimento, por que é que não fazemos isso? Será que nos vemos como vítimas de nossa própria impotência? Será que imaginamos que nossas vidas e nosso mundo estão se revelando de determinada maneira porque isto é, num determinado nível, o que Deus quer?

Se for assim, estamos tremenda e tristemente equivocados. O mundo se apresenta hoje não porque Deus queira que ele esteja dessa maneira, mas porque nós queremos.

Nós queremos.

Se não fosse assim, poderíamos mudar o mundo da noite para o dia. Poderíamos eliminar a dor, o mal, a tristeza e o sofrimento num piscar de olhos. Poderíamos acabar com a opressão, a repressão e a depressão tão rápido a ponto de fazer sua cabeça girar. Poderíamos eliminar a pobreza, a fome e a desesperança de uma só tacada.

Poderíamos fazer tudo isso se quiséssemos; se quiséssemos para valer. A verdade é que não queremos. Individualmente, pode ser que sim (em alguns casos). Coletivamente, é evidente que não queremos, *ou isso seria feito.*

Nada que tenha sido infligido à humanidade pela humanidade é impossível de ser revertido pela humanidade. Recomendo a todos nos lembrarmos disso sempre e carregarmos isso como a bandeira de um povo compassivo e dedicado.

Nada que tenha sido infligido à Humanidade pela Humanidade é impossível de ser revertido pela Humanidade.

Acredito que um dia revertamos as condições de pobreza, opressão, impotência e todo o sofrimento da nossa espécie causado pelo homem. E acredito que esse dia chegará antes do que se imagina. Acredito que seres humanos em todos os lugares logo vão se rebelar e exigir isso, a partir de um novo sentido de quem somos nós e como queremos que a vida seja neste planeta. E acredito que muitos indivíduos vão liderar o caminho nessa revolução espiritual demonstrando que é possível ser *mais feliz que Deus.*

Vou ainda mais longe. Acho que pessoas como vocês — *você*, lendo este livro neste exato momento — estariam dispostas a ajudar a começar esse processo se achassem que existe uma maneira de fazer isso.

Bem, existe.

CAPÍTULO 26

Como usar o processo de Criação Pessoal para ajudar todo o mundo

O propósito da vida e o propósito da Criação Pessoal *é o mesmo*. Isso não é algo que a maior parte das pessoas consiga conciliar em suas mentes e definitivamente não é algo que um número suficiente de professores da Energia da Atração esclareça.

O propósito da vida e da Criação Pessoal é trazer a você — e a *cada ser humano na Terra* — a mais importante vivência de quem você é, para torná-lo *mais feliz que Deus*, e assim levar adiante a evolução da alma. Tanto a alma individual como a Única Alma que Existe.

Esta viagem em que estamos é uma viagem da alma, não tem nada a ver com o corpo humano. Não tem mais relação com o seu corpo do que uma prateleira que você construiu tem a ver com o martelo e o serrote que você usou para construí-la. Como o martelo e o serrote, seu corpo é apenas sua ferramenta. Nada mais. Apenas isso.

Você pode usar a ferramenta para satisfazer seus próprios caprichos, ou para ajudar todo o mundo. Essa escolha é sua.

Se você acha que você é o seu corpo, pode ficar tentado a fazer a primeira escolha. Se acredita que o seu corpo é algo que você *tem*, não algo que você *é*, pode ficar inspirado a fazer a segunda escolha.

Portanto, é sempre importante lembrar quem você é. Diga três vezes ao dia, de manhã, à tarde e à noite: "Não sou o meu corpo. Meu corpo é o que tenho, não o que sou".

Isso vai ajudá-lo a se manter centrado em sua identidade real, em seu propósito real de estar aqui, sua razão real para viver e no propósito da própria Criação Pessoal.

É verdade que esse processo pode ser usado para trazer cada uma das coisas maravilhosas da vida, absolutamente qualquer coisa que você deseje. Também é verdade que você se define pelo que diz que deseja. E *também* é verdade que o processo funciona melhor, e mais rápido, quando você deseja aos outros o que você mesmo deseja vivenciar. Como foi explicado antes, isso se dá por causa do *Efeito Multiplicador*.

Estamos trabalhando aqui com energia. No final das contas, devemos compreender que estamos, simplesmente, trabalhando com energia em estado bruto. Pensamentos são energia. Coisas são energia. Emoções, sentimentos e experiências são energia. *Deus* é energia. A *vida* é energia expressa.

Tudo é energia.

Quando você quer para todo o mundo o que quer para si mesmo — paz, alegria, sabedoria, felicidade e amor —, você multiplica a energia que emite.

Quando você faz isso ao mesmo tempo em que muitos outros estão fazendo, você *multiplica a sua multiplicação*. Você aumentou o seu Potencial de Impacto de maneira exponencial. Simplesmente atrelou-se ao poder de Deus. ("Pois onde se reunirem dois ou três em meu nome, ali eu estarei.")

Como diz respeito aos desafios que o mundo enfrenta, o seguinte axioma é importante:

A energia que cria a solução deve ser igual
à energia que cria o problema.

Albert Einstein disse que você não pode resolver um problema usando a mesma energia que criou esse problema. Isso é verdade. É necessário que seja um outro tipo de energia, mas ela deve ser *da mesma intensidade.*

Não importa como você chame as ferramentas que usa para criar essa energia — oração intensiva, meditação, pensamento positivo, Criação Pessoal, o Mecanismo da Manifestação, a "fórmula", o "mistério", ou o "segredo" — é tudo a mesma coisa. Tudo é parte de um processo que pode nos levar a uma felicidade maior. Tudo é um funcionamento, um colocar para uso intencional, do processo da vida *propriamente dita*, o modo do Universo. Esse é o processo de Deus. Essa é maneira como Deus se movimenta.

Émile Coué chamou esse processo de "auto-sugestão otimista". A aplicação da sua auto-sugestão consciente — "Todos os dias, sob todos os pontos de vista, vou de melhor a melhor" — é o melhor exemplo conhecido do que é freqüentemente chamado de Couéismo ou o método Coué. Isso de acordo com os colaboradores da Wikipédia, que também nos dizem que foi em 1913 que Coué fundou a Sociedade Lorraine de Psicologia Aplicada. Seu livro *Domínio de si mesmo pela auto-sugestão consciente* causou sensação por ocasião de sua publicação na Inglaterra em 1920 e nos Estados Unidos dois anos depois.

Tais "revelações" *sempre* causaram sensação — da mesma forma que a revelação do "segredo" causa hoje em dia. Contudo, a sensação tende a arrefecer, e o mundo volta ao seu Modo Antigo.

Historicamente, a humanidade tem se animado com um lampejo de esperança, para depois retornar à sua tristeza e angústia, sua agitação e conflito, sua dor e sofrimento. Porque, ao longo dos séculos, as forças que se armam contra as Novas Revelações (e, sim, mesmo neste tempo "iluminado") têm rechaçado a mensagem de fortalecimento pessoal interior em favor de uma regra de permanente dependência de fontes exteriores — ou seja, religião, governo e Aqueles que Estão no Comando.

Essa tem sido a história, mas tudo isso pode mudar se simplesmente colocarmos a *nós mesmos* na categoria Aqueles que Estão no Comando.

Será que a humanidade vai fazer isso?

Acredito que a resposta seja sim, e que isso vá acontecer quando o Poder das Pessoas e o Poder de Deus estiverem em harmonia; quando um não for feito para desvalorizar ou desonrar o outro.

Muitas pessoas perguntam: "O que posso fazer para ajudar a mudar o mundo? O que uma pessoa pode fazer?"

Há muito que uma pessoa pode fazer. E a primeira coisa é *alavancar* a intenção individual, expandindo-a para uma *proporção que tenha impacto global.* Isso é feito pelo simples uso do *Efeito Multiplicador.*

Eis algumas sugestões de como você pode usar a Criação Pessoal e o *Efeito Multiplicador* para criar alegria e felicidade, paz e prosperidade para todo o mundo:

- Inicie um grupo chamado Criação Focada para Todo o Mundo. Reúna-se uma vez por semana pelo telefone (esse grupo pode ser internacional!) e passe três minutos focando sua atenção combinada, com intenção clara, num resultado específico que você queira ver no mundo. Essa é a maravilhosa e poderosa ferramenta de Criação Focada para os outros, em vez de apenas para si mesmo. Essa ferramenta usa o Efeito Multiplicador e é capaz de produzir resultados assombrosos, de uma maneira surpreendentemente rápida.

- Lembre-se de que a atenção coletiva *com intenção clara* é a chave. Não se limite a pensar a respeito de um problema no mundo. Pense a respeito do *resultado que você deseja obter*. Chamo isso de Atenção com Intenção. Posso lhe dizer por experiência própria que é uma medida extremamente eficaz.

- Não imagine um resultado muito genérico para o que você deseja produzir, tal como "paz mundial" ou "maior prosperidade para todos os povos". Em vez disso, evoque um resultado em especial. Com seus pensamentos, diga palavras que descrevam experiências específicas. *Veja* esses resultados. Visualize as cenas deles como um filme, na tela de cinema da sua mente. Convide seu grupo a fazer o mesmo. Um experimento interessante pode ser o de realmente *desenhar* imagens do futuro. Esses desenhos podem ser simples, sem muitos detalhes. Você não tem de ser um artista talentoso para colocar no papel as visões que deseja manifestar na realidade. Outra técnica é criar um Quadro de Visualização, com fotografias de verdade, recortadas de jornais, revistas — ou de seja lá onde for que você possa encontrá-las — dos resultados que deseja obter. Recorte uma foto de um banquete familiar e, embaixo, escreva: *As pessoas famintas do mundo*. Essas e outras técnicas podem funcionar e realmente funcionam. Todas elas são apenas ferramentas com as quais é possível focar seus pensamentos de maneira bem delineada e elevar seus sentimentos, ou seja, sua energia espiritual.

- Não mude a cada semana o resultado que você deseja invocar, mas continue focando num único resultado por pelo menos algumas sessões.

- Se você deseja aumentar a potência do foco de energia durante um período específico de crise aguda no mundo, pode optar por promover suas chamadas de Criação Focada mais de uma vez por semana. Como responsável pela chamada, você pode agendá-la sempre que desejar. Aqueles que puderem se juntar a você não deixarão de fazê-lo. Aqueles que não puderem estarão na próxima chamada. Acredite nisso.

- Mantenha uma turma de Criação Focada ou um grupo de estudo em sua própria casa duas vezes por mês. Compartilhe com os outros a informação que agora você tem a respeito de *todas as três partes* do "segredo". (A Parte Três, *Como*, é descrita de forma maravilhosa no extraordinário livro de Esther e Jerry Hicks, *A lei universal da atração*, que você pode usar como um texto de apoio. Você também pode adquirir o livrou ou o filme *O segredo*. Depois amplie as discussões, com outros textos que também abordam essa ferramenta maravilhosa, incluindo aquele que você tem agora nas mãos, e os outros títulos que mencionei neste texto.)

- Junte-se a uma comunidade internacional que tenha optado por usar a Energia da Atração para propósitos maiores do que o enriquecimento pessoal e a satisfação de desejos individuais.

- Faça uma assinatura do Creating For All The World, um informativo eletrônico mensal (www.nealedonaldwalsch.com) e *contribua para o seu conteúdo*. Conte ao mundo a respeito de *suas* experiências com a Criação Pessoal, tanto para você mesmo quanto para o seu mundo, e convide outros por todo o planeta a se juntarem a esse processo de Criação Focada, de forma que todos possam ser *insuportavelmente felizes*, vivenciando a maravilha, a alegria e a felicidade da comunhão com Deus por meio da Criação Pessoal.

- Participe da teleconferência mensal de Criação Focada (informações a respeito podem ser encontradas em www.nealedonaldwalsch.com), na qual pessoas de todo o mundo se reúnem para ouvir uma pequena palestra nova a cada mês e depois fazer perguntas e compartilhar suas experiências em trazer paz e harmonia, alegria e abundância, satisfação e o milagre da auto-realização às pessoas do mundo e às suas próprias vidas!

Essas são apenas algumas das coisas que você pode fazer para aumentar sua esfera de ação, expandir o horizonte do seu trabalho com a Criação Pessoal e assim tornar a "atração" a maior ferramenta que o mundo já conheceu para criar Paz na Terra e alegria no coração coletivo da humanidade.

E, por fim, *não deixe a si mesmo de fora*. Lembre-se do que foi dito aqui. Não há qualquer problema em incluir-se na lista de pessoas em todo o mundo para as quais você deseja invocar paz, prosperidade e amor. Permita-se usar a Energia da Atração para invocar toda a alegria e maravilha que a vida pode trazer a você, seja qual for a maneira que escolher alegremente!

CAPÍTULO 27

17 passos para ser *mais feliz que Deus*

Certo, nós criamos um profundo campo contextual dentro do qual podemos considerar as medidas que esbocei no início das nossas explorações. Agora vamos nos voltar para essas medidas poderosas que você pode tomar para tornar sua vida mais alegre, mais pacífica, mais satisfatória, mais emocionante, mais gratificante e mais *divertida*.

Acredito que toda a humanidade possa ser *mais feliz que Deus*. Isso vai ocorrer em seguida à segunda grande reforma das religiões da humanidade.

Não se sinta desencorajado. Isso está a caminho. Mais cedo ou mais tarde, vai acontecer. Foi dito no diálogo chamado *Deus do amanhã* que aconteceria em 25 a 30 anos — ou menos, dependendo das condições do planeta.

O mundo está perdendo a paciência consigo próprio. Seus habitantes podem perceber que a maneira como estamos avançando, a maneira como estamos co-criando vida na Terra, não é sustentável. Seus habitantes também percebem que muitas (mas certamente não todas) das nossas crenças fundamentais a respeito de Deus e a respeito da vida estão causando nosso comportamento problemático. Então você pode esperar para um futuro não muito distante uma importante mudança na nossa vivência religiosa, que vai se transformar no que tenho chamado de Nova Espiritualidade.

Enquanto isso, você pode ser tremendamente mais feliz num nível pessoal do que jamais foi — não importa o *quanto* você tenha sido feliz!

Aqui estão 17 passos que podem ajudá-lo.

1. Acabe com a Teologia da Separação.

Esforce-se em sua vida e em seu sistema pessoal de crenças para eliminar qualquer idéia de separação de Deus. Simplesmente trate de livrar-se dessa teologia.

A Teologia da Separação é uma teologia que insiste em afirmar que estamos "aqui" e Deus está "lá". A doutrina dessa teologia nos diz que Deus nos separou Dele como um castigo por nossos pecados, e que o nosso trabalho agora é voltar a Ele, o que só será possível se Ele permitir, coisa que Deus fará apenas se obedecermos aos mandamentos Dele, seguirmos as Suas leis e nos submetermos às Suas vontades. Em resumo, devemos fazer Aquilo que Deus Quer.

Essa Teologia da Separação produziu a Cosmologia da Separação (isto é, um modo de olhar para o conjunto da vida neste planeta que inclui a *separação* como seu princípio básico), o que, em troca, produziu uma Sociologia da Separação (isto é, um modo de socializar nossas espécies que requer que nos comportemos como seres separados, a serviço daquilo que é melhor para cada um de nós separadamente), que produziu uma Patologia da Separação (isto é, um *comportamento patológico* produzindo sofrimento, conflito, violência e morte por nossas próprias mãos).

Apenas quando nossa Teologia da Separação for substituída por uma Teologia da Unidade é que nossa Patologia da Separação será curada. Temos de entender finalmente que o conjunto da vida é Um. Essa é a sua primeira medida a ser tomada, e é a minha também. É o ponto de partida. É o começo do fim de como as coisas são agora. É o começo de uma nova criação, o começo da introdução na realidade da próxima versão grandiosa da melhor visão que você já teve a respeito de Quem Você É.

A Verdade Não Dita revela para nós que essa Unicidade não é uma característica da vida... a vida é uma característica da Unicidade.

A vida é a expressão da Própria Unicidade. Deus é a expressão da Própria Unicidade. A Vida e Deus são Um. Unicidade é Deus e vida. É um círculo.

Quando entendemos isso, vemos Deus em todo mundo e em tudo. Até mesmo em nossos eus divinos. Enxergamos com clareza que somos Deus "sendo Deus". Isto é, Deus no ato de recriar a Si Próprio. Deus — e a vida — evolui. Deus nunca permanece o mesmo, mas se torna maior e mais do que Deus *é*, em cada momento.

Deus é mais agora do que Deus era um bilionésimo de segundo atrás. Quando resolvermos nosso próprio caso de "identidade trocada", quando identificarmos nós mesmos como Aquele que Deus É, seremos tão felizes quanto Deus.

Mas agora acompanhe isto: Se usamos o termo "Deus" para indicar a Divindade Coletiva e o termo "você" para indicar a

Individualização da Divindade, e se chegar o dia em que você tiver elevado a sua consciência a um nível em que seja mais feliz do que muitas outras Individualizações... bem, então, você será *mais feliz que Deus*.

A Individualização que é "Você" terá uma consciência mais elevada do que a maioria das outras individualizações da Divindade que chamamos "Deus", exatamente como acontece com mensageiros, avatares e mestres anteriores (Buda, Moisés, Jesus, Maomé e mais) que vivenciaram sua Consciência Individualizada sendo elevada acima do nível da Consciência Coletiva. A missão deles tornou-se, então, elevar a *Consciência Coletiva* da humanidade de forma que a *Totalidade Que É Deus* possa evoluir ainda mais, continuando a expandir em consciência e total autoconhecimento.

Foi isso o que eles fizeram aqui.

O conjunto da vida é Divino, e quando o tratarmos *como* tal vamos mudar todas as coisas. Afinal de contas, como pode um aspecto, como pode uma única Individualização da Divindade, algum dia ser totalmente feliz enquanto qualquer outra Individualização estiver totalmente infeliz? A resposta é: não pode. Sendo assim, vamos elevar uns aos outros, de forma a podermos *todos* vivenciar a nós mesmos, um a um, sendo *mais felizes que Deus*.

"Eu vim para que tenham vida, e a tenham em plenitude", disse um Mestre. E o Mestre-em-Você vai um dia dizer a mesma coisa. Quando a Terra for transformada dessa maneira, pessoa a pessoa, crianças não mais morrerão de fome. Milhões de indivíduos não serão mais oprimidos. Nações não mais combaterão nações. Quando tratarmos todos como Divinos, não haverá mais guerra.

2. Mantenha-se em contato com quem você é.

Lembre-se de que você não é o seu corpo, mas uma alma viajando com o corpo numa jornada para a alegria. Lembre-se de que sua alma é uma parte eterna de Deus. Lembre-se de que você e Deus são Um. Então, esteja certo do que é mais importante para essa Individualização da Divindade que está se manifestando como Você, bem aqui, neste exato momento. Trate tudo e todos como se estivessem em perfeita sintonia com tudo e perfeitamente sincronizados com os planos da sua alma. Entenda que, por causa de Quem Você É, nada pode machucá-lo e não há nada que faça você precisar ser absolutamente feliz neste "quando e onde" de sua existência eterna.

O que estou dizendo aqui é que você veja a si mesmo como um Ser Espiritual com um corpo, na sagrada missão de auto-realização e autocriação. Primeiro, perceba Quem Você Realmente É, então recrie a si mesmo de outra maneira, na próxima versão grandiosa da melhor visão que você já teve a respeito disso. Sua tarefa a cada dia — e não é tão difícil quanto pode parecer à primeira vista — é esta: Lembre-se da sua identidade. Retenha sua identidade. Recrie sua identidade.

Lembre-se da sua identidade a despeito de cada evidência em contrário.

Mantenha sua identidade a despeito de cada situação que possa negá-la.

Recrie sua identidade a despeito de cada convite da vida para que você fique exatamente onde está.

3. Dê a outros cada vivência que você busca.

A maneira mais rápida e fácil de reter sua identidade é colocar os outros em contato com a deles. O modo mais rápido de ter *qualquer* vivência é fazer os outros terem a mesma vivência. Se você deseja vivenciar o seu Eu Divino e sua verdadeira identidade, faça com que o outro vivencie o Eu Divino dele e a verdadeira identidade dele.

Devolva as pessoas para elas mesmas.

Você pode fazer isso através de centenas de maneiras em mil vidas em milhões de momentos.

Seja lá o que for que você deseje vivenciar em sua própria existência, faça com que o outro vivencie na dele. Se você deseja vivenciar amor, faça com que o outro seja amado. Se você deseja vivenciar abastança, faça com que o outro seja abastado. Se você deseja vivenciar sucesso, faça com que o outro seja bem-sucedido. Se você deseja experimentar poder, faça com que o outro seja poderoso. Se você deseja vivenciar sabedoria, faça com que o outro se torne sábio. Se você deseja vivenciar romance, faça com que o outro viva um romance. Se você deseja experimentar o perdão, faça com que o outro seja perdoado. Se você deseja vivenciar proteção e segurança, faça com que o outro se sinta protegido e seguro. Se você deseja vivenciar uma parceria perfeita, faça com que o outro tenha um parceiro perfeito. Se você deseja vivenciar paz, faça com que o outro fique em paz.

O que estou dizendo aqui é que a Criação Pessoal começa com o outro. Foque primeiro no outro, o outro, sempre o outro, nunca primeiro no seu Eu, e aquilo que o seu Eu deseja vivenciar será realizado sete vezes. Seja lá o que for que você deseje criar para si mesmo, crie para o outro. Isso é a Energia da Atração à potência máxima.

Por que é que isso funciona: O que você traz para o outro, você traz para o Eu, pois na verdade não há *qualquer outro. Há apenas o Eu. Quando você entende isso, entende tudo o que poderá um dia precisar saber a respeito de como ser* mais feliz que Deus.

4. Esteja certo de que nada do que você vê é real.

Vivemos no mundo da ilusão. (Leia *Comunhão com Deus* para uma discussão extraordinária das Dez Ilusões dos Humanos.) Você vai entender sua verdadeira relação com tudo que o cerca quando pensar em si mesmo como um mágico que observa seus próprios truques. Divirta-se como um bom mágico se diverte, mas não se esqueça nem por um momento de que tudo é uma ilusão. Mais importante: não se esqueça de que é você quem está *criando* a ilusão. Esforce-se, portanto, para não se perder nisso.

O que estou dizendo aqui é para você não se desgastar, mas ter em mente que é você quem cria sua vivência de tudo. Circunstâncias exteriores podem se apresentar numa ampla variedade de formas, mas a maneira como você responde e reage a elas fica inteiramente sob o seu controle. O momento em que você escolhe sua resposta, e faz isso com liberdade e com plena consciência, é o momento em que você recria a si mesmo de outra forma. Esse é o Momento do Poder. Esse é o Tempo de Mágica. Esse é o Instante Intencionado, no qual aquilo em que você escolhe se tornar é revelado na sua realidade vivenciada. Esse é o momento em que você decide a respeito de você mesmo e se vê sendo o que decidiu ser, "seqüentaneamente". (Essa é a vivência de algo que ocorre tanto seqüencialmente quanto simultaneamente.)

Saiba sempre que o que está acontecendo é o que está acontecendo, mas a maneira como você está vivenciando o que está acontecendo é algo que você está construindo.

5. Decida que você não é a sua "história".

Para vivenciar o que está acontecendo de um modo que preserve sua felicidade você na certa vai ter que se desprender da sua história.

Sua "história" consiste em todos os dados que você reuniu sobre o que aconteceu com você em sua vida, e a realidade que você fabricou a respeito do tipo de pessoa que você e outras pessoas são e de como vocês todos se tornaram assim.

Por exemplo: levei um caldo quando era uma criança de mais ou menos oito anos de idade. Ainda não sabia nadar, por isso estava boiando e brincando com uma câmara de pneu quando uns valentões simplesmente decidiram me derrubar num lugar que não dava pé para mim. Eles não sabiam que eu ainda não nadava, mas eu *sabia disso* e nunca me esqueci como gelei de medo e entrei em pânico, o coração disparado, enquanto me debatia e tentava levar ar para os pulmões. Por muitos anos, até já bem avançado na idade adulta, não me aproximei da água. Pelo menos, não além de onde meus pés pudessem tocar o fundo.

Todos temos histórias como essa e todos temos um milhão delas. Nossas histórias são feitas de incidentes grandes e pequenos, espalhados ao longo de uma existência. Nós nos tornamos a soma total desses embates — a não ser que não. A uma certa altura podemos abandonar uma determinada idéia que temos a respeito de nós mesmos e dos outros, porque percebemos que temos de fazer isso se desejamos levar a vida adiante.

A felicidade nunca vai ser encontrada em sua história, apenas nas suas mais novas e grandiosas decisões a respeito de você mesmo e dos outros. Isso pode significar ter de dizer a você, com relação a muitas coisas que aconteceram, que: "Aquilo foi 'antes' e isto é 'agora'". Nenhuma dessas coisas tem qualquer relação com o que está acontecendo neste momento.

Um menino foi criado por uma mãe autoritária, exigente e crítica, para quem nunca algo era bom o suficiente. Ele sai da casa da mãe aos 18 anos e leva sua vida adiante, e parece muito bem adaptado. Aos 23 anos ele se apaixona e casa. Alguns meses depois sua esposa se depara com um comportamento dele que ela considera um pouco irritante. (Pode não ser nada tão grande. Pode ser algo bem pequeno, na verdade. Ele nunca tampa o tubo de pasta de dentes...) Ela menciona isso para ele e ele explode. "Ei! Não me amole! Só... não me amole." Ela olha para ele chocada. De onde vem isso?

Vem de sua mente reativa. No entanto, o convite da transformação é para que você parta de sua mente criativa. É para que você crie a você mesmo de uma maneira totalmente nova, de uma maneira que você gostaria de ser, não da maneira que você sempre foi. Embora você tenha bons motivos para ser do jeito que sempre foi.

É importante entender que seu subconsciente não sabe a diferença entre Antes e Agora. Ele guarda todos os dados num lugar onde o tempo não existe. É por isso que de repente você pode começar a suar frio num sonho por uma coisa que aconteceu há vinte anos. Seu subconsciente (que, a propósito controla a maior parte do seu corpo) não sabe que o que você está lembrando não está acontecendo.

Reagir é fazer exatamente o que a palavra sugere. É "agir novamente, como você fez antes". Esse é um caminho certo para a infelicidade, porque a maior das felicidades é a criação, não a reação.

O que estou dizendo aqui é que a vida está convidando você a vivenciar a si mesmo e o momento que está vivendo em qualquer que seja o "quando e onde", de a maneira que você deseja vivenciar a si mesmo, em vez da maneira como você costumava *vivenciar a si mesmo.*

Você está convidado a desistir da sua identidade anterior, abandonar sua idéia anterior a respeito de você mesmo e fazer de conta que a vida começou novamente para você neste exato momento, pelo menos no que diz respeito às decisões mais importantes em relação a quem você é e como você é. Em alguns círculos isso se chama nascer de novo.

6. Tenha apenas preferências.

Muitas pessoas fazem a si mesmas infelizes simplesmente porque acham impossível aceitar a vida como ela se apresenta agora, neste exato momento. As coisas nunca são boas o suficiente, nem nunca estão muito certas. Como na história *A princesa e a ervilha*, não há como elas ficarem confortáveis com sua situação ou circunstância, com seu ambiente ou com aqueles que os cercam. Nada funciona, nada é bom o suficiente, rápido o suficiente, grande o suficiente. Desde que haja uma coisa chamada "variação climática" essas pessoas podem descobrir alguma razão para não serem totalmente felizes. Elas não são capazes de celebrar o que *é*, mas precisam, isso sim, lamentar o que *não* é.

Celebrar ou lamentar, essa é a escolha a cada momento. Fique com a primeira, não com a segunda opção, e sua vida poderá se encher de sorrisos para sempre. Está vendo? *Existe* uma maneira de ser *mais feliz que Deus* e essa maneira é não exigir que qualquer coisa seja minimamente diferente de como é neste exato momento.

Isso não significa nunca tentar mudar coisa alguma. Isso significa não basear sua felicidade na ocorrência, ou não, dessa mudança. Tem a ver com trocar vícios por preferências ao desfrutar da sua vida.

Se alguém lhe oferece um pote de sorvete de baunilha, e você prefere chocolate, é perfeitamente aceitável (e de fato muito saudável) indicar sua preferência. ("Muito obrigado, você é muito gentil. Mas, deixe-me perguntar, você por acaso não teria um sorvete de chocolate? Para ser honesto, esse é o meu favorito!")

O resultado desse tipo de diálogo sincero pode ser você terminar com o seu favorito! Na pior das hipóteses você vai tomar o sorvete de baunilha, que também é bom, porque o seu gosto por chocolate é uma preferência, não um vício.

Não é difícil descobrir se você é viciado ou se apenas prefere alguma coisa. Basta observar se a ausência dessa coisa faz com que você abandone sua felicidade.

No exemplo citado, a pressuposição é a de que você não ficaria infeliz se não ganhasse sorvete de chocolate, mas de que ficaria perfeitamente feliz com o de baunilha. O chocolate, então, é apenas uma preferência, não um vício.

A idéia na vida é trocar seus vícios por preferências. Fui apresentado pela primeira vez a esse conceito no extraordinário *Guia para uma consciência superior*, de Ken Keyes Jr. Recomendo a todos esse livro profundamente revelador.

Para transformar os vícios em preferências, deve-se recorrer a um expediente muito simples: observe honestamente o quanto você estará de fato perdendo se não conseguir o que pensa que quer e que precisa, agora, neste exato momento. Muitas vezes, é muito menos do que você imaginava.

O que estou dizendo é que sempre há alguma coisa para ser celebrada, desde que a vida esteja sendo vivida. Ver o seu copo meio cheio em vez de meio vazio é mais do que um aforismo bobo. É a chave para a felicidade duradoura.

Se você observar sua história de fora durante tempo suficiente para dar uma olhada honesta, e para dar à vida uma chance justa, vai notar que em quase todos os casos a vida está se revelando neste exato momento *com tudo o que você precisa para estar satisfeito e em paz. Tudo o que você precisa fazer para vivenciar isso é mudar sua exigência deste momento atual.*

Mudar de exigência é na verdade muito fácil. É apenas uma questão de mudar sua mente a respeito do que você precisa neste instante. A verdade é que você não precisa de qualquer coisa específica. "Precisar" é uma das Dez Ilusões dos Humanos. Não é real. Para você pode ser desafiador abraçar essa idéia como parte da sua realidade de vida, mas pode não ser exagero notar que, certamente, a maior parte das coisas das quais você sentiu que nunca poderia abrir mão não era de maneira alguma necessária. Você encontrou um modo não apenas de existir, *mas de sorrir, rir e ser feliz sem essas coisas.*

"Exigência" é outra das Dez Ilusões Humanas. (Para a lista completa, e uma explicação delas, veja o adendo.) Essa é a ilusão que sugere que há algo que você absoluta e positivamente deve ter para viver. No entanto, não há nada que você deve ter de diferente do que tem neste exato momento, ou seja, o Seu Eu como ele realmente é. Você não pode morrer, e sua vida não pode terminar, porque você é a própria vida, uma manifestação dela. Quando você entende isso, não teme mais a morte e, então, não teme mais a vida. Nem nunca mais sente uma necessidade urgente e o estômago revirando por qualquer motivo em especial. Isso muda tudo.

7. Veja a perfeição.

Veja tudo como na verdade é: o acontecimento perfeito, sincronizado com perfeição para fornecer a você a oportunidade perfeita de expressar da maneira perfeita aquilo que é a Própria Perfeição. No que se refere a você, pessoalmente, a perfeição é o Eu que você escolheu ser e que está agora escolhendo demonstrar e vivenciar.

Isso é algo que a maioria das pessoas não admite e se recusa a reconhecer. No entanto, é a verdade a seu respeito — e Deus sabe disso. O que aprendi como resultado de minha interação direta com Deus é que eu sou Inteiro, Completo e Perfeito exatamente do jeito que sou. E você também é.

Isso se aplica ao santo e ao pecador, ao anjo e ao canalha. Não há pecadores ou canalhas no mundo de Deus. Há apenas Individualizações da Divindade, entre as quais algumas se esqueceram de Quem Realmente São.

Nossa oportunidade em cada momento dourado do Agora é *usar* esse momento, e tudo o que ele guarda e oferece, para *lembrar* Quem Realmente Somos — e então demonstrar isso. A vida nos dá os dons da eternidade e da infinidade de forma que possamos conhecer a nós mesmos em nossa própria vivência... e, então, recriar a nós mesmos de outra forma, na próxima versão grandiosa da melhor visão que já tivemos a respeito de Quem Nós Somos.

Esse é o processo ao qual chamamos de *evolução*. Isso é Deus "sendo Deus".

O que estou dizendo é que você não julgue nem condene as pessoas e os acontecimentos colocados diante de você pela vida, mas sim, tenha em mente que você, você mesmo, os atraiu para si, de que você pode realizar o potencial da vida, a promessa dela e o propósito dela.

William Shakespeare escreveu: "Nada é mau a menos que o pensamento assim o faça". Ele estava nos dizendo que uma coisa é como você a chama. Com esse insight *ele nos deu as chaves para o Reino.*

8. Desvie do drama.

Lembre-se de que nada tem qualquer significado a não ser aquele atribuído por você. Repita isso mentalmente em qualquer momento de estresse ou de inquietação: *Nada tem qualquer significado a não ser aquele atribuído por mim.*

Essa é uma variação das palavras de Shakespeare. Essas 11 palavras podem mudar toda a sua experiência de vida. Elas podem interromper o drama no mesmo instante. Podem diminuir a agitação e o sofrimento emocional pela metade. De fato, podem eliminá-los de vez.

Memorize essas 11 palavras e deixe que sejam o seu mantra quando o dia parecer estar desmoronando — ou sua carreira, ou o seu relacionamento, ou qualquer outra coisa que você tenha construído com tanto cuidado. Lembre-se de que muitas vezes a vida parece estar desmoronando, mas pode na verdade estar se estruturando pela primeira vez.

Quando ainda criança eu ficava chateado com alguma coisa, minha mãe costumava dizer: "Que importância você acha que isso vai ter quando você estiver com noventa anos?" Isso me acalmava um pouco, impedia que eu me estendesse demais numa autocomiseração que não trazia a ninguém (muito menos a mim) qualquer benefício.

"Se você acha que aos noventa anos vai estar sentado em sua cadeira de balanço na varanda da frente preocupado com isso, então preocupe-se com isso agora. Se você acha que vai estar chateado a respeito disso nessa altura, fique chateado com isso agora. Do contrário, apenas deixe para lá." Era isso o que minha mãe dizia.

Eu amo essas palavras. Deixe... para... lá.

Deixe...

Para...

Lá...

Apenas respire e relaxe.

O que estou dizendo aqui é que você não deve se apressar em adotar uma postura de "reação" ao primeiro sinal de energia negativa. Trabalhe duro consigo mesmo para manter-se no espaço da "criação".

Perceba que o que você está vendo pode não ser nada além da Lei dos Opostos agindo no Processo da Criação Pessoal. Coloque-se numa posição de gratidão com a maior freqüência possível... e não tenha medo de apelar ao humor como uma maneira de chegar lá. O humor autodepreciativo, eu descobri, é perfeito. É simplesmente, com certeza, o melhor que há. Tudo o que tenho de fazer para conter o nervosismo e o drama desnecessários em minha vida é rir de mim mesmo. É um grande remédio.

9. Entenda a tristeza.

Há uma diferença entre tristeza e infelicidade. Enquanto escrevia este livro, minha cadela, Lady, morreu. Ela foi minha companheira por mais de 14 anos. Nos últimos 12 meses ela tivera muitas dores, causadas por uma variedade de incômodos e doenças. No final já estava completamente surda e mal podia andar. Exatamente no último dia ela não conseguia nem ao menos se erguer.

Fiquei triste quando ela morreu, mas não fiquei infeliz.

Você consegue perceber a diferença?

Essa *não é uma diferença sem importância.* Essa *não é uma distinção trivial.*

Fiquei triste porque Lady não estava mais comigo, mas fiquei feliz que ela não estivesse mais sofrendo. Fiquei feliz — muito feliz — que ela tivesse prosseguido em sua jornada, celebrando seu Dia da Continuação.

Fiquei até mesmo "feliz de estar triste", porque minha tristeza dizia algo *para* mim *sobre* mim mesmo. Dizia que eu me importava. Dizia que eu amava. Dizia que eu era humano, e que apesar da forma como o mundo estava se mostrando para mim ao meu redor, dessensibilizando a todos, eu tinha permanecido em contato com a minha humanidade.

Sim, eu fiquei *feliz* com a minha tristeza e do que esse estado me disse a respeito de Quem Eu Sou. Eu me senti bem em estar triste.

Sua tristeza não deve fazê-lo infeliz. Usada como um balizador de onde você está em sua trajetória evolucionária, sua tristeza pode ser uma fonte de confirmação interior da profundidade dos seus sentimentos, e, dessa forma, de quem você é como pessoa e ser espiritual.

Portanto, quando alguém morre, permita-se sofrer. Quando alguém o magoa, permita tristeza a você mesmo. E em especial quando você machuca outra pessoa, permita que a tristeza acompanhe seu remorso. Dê a você mesmo a dádiva da tristeza e vai descobrir que conseguirá se restabelecer com mais rapidez de cada experiência que o deixaria tentado a esquecer sua identidade plena.

O que estou dizendo é que a sua tristeza a respeito de qualquer coisa não precisa impedir você de ser mais feliz que Deus — *mais feliz do que você foi um dia. A felicidade é algo cumulativo. Ela se torna maior quanto mais você a sente. Eu me sinto mais feliz agora do que me sentia nos dias anteriores ao que Lady descansou seu corpo pela última vez. Sinto-me mais feliz agora do que quando tinha cinqüenta, mais feliz do que quando tinha trinta, mais feliz, de fato, do que jamais fui em minha vida.*

E aprendi como acomodar minha tristeza e incluí-la em minha felicidade, tornando-a uma parte maravilhosa dela. De fato, aprendi que a "felicidade" é alcançada através do simples processo de aceitar o conjunto da vida *exatamente como ela é.*

10. Pare de discutir com a vida.

A falta de felicidade que sentimos em nossas vidas tem origem, em grande parte, em nossos julgamentos. Temos uma tendência a julgar tudo. As pessoas à nossa volta, as circunstâncias que elas apresentam, os acontecimentos do momento e, é claro, nós mesmos.

Algumas pessoas não perdem uma oportunidade de se colocar em posição de julgamento. É quase como se *a própria vida* estivesse num tribunal. O tempo todo.

O que é especialmente interessante a respeito da maior parte do julgamento humano é que as pessoas nem mesmo usam algum critério objetivo para fazer suas determinações. Na maior parte das vezes elas usam sua experiência prévia, suas próprias idéias, suas próprias "histórias" como base a partir da qual decidir a respeito do outro.

Nunca ocorre a essas pessoas, é claro, que a experiência *delas, suas* idéias, *sua* "história" é que poderiam ser um pouco distorcidas. Já observei isso com suficiente distanciamento para concluir que provavelmente estou fazendo a mesma coisa. Então, fiz um verdadeiro esforço para adotar a auto-reflexão como um substituto para o julgamento de outros.

Quando fico tentado a julgar, olho para dentro para ver quando foi que agi dessa forma em *minha* vida, onde foi que produzi tais resultados em *minha* vida, como foi possível que tivesse cometido tais erros em *minha* vida. De repente, a compaixão se instala, tirando o julgamento do caminho — e tornando a condenação impossível.

O que estou dizendo é que o julgamento não tem lugar num coração amoroso. No entanto, lembre-se, julgamento não é discernimento, e observação não é julgamento. É perfeitamente saudável ter discernimento e é perfeitamente natural fazer observações. Uma "observação" diz "o que é aquilo". Um julgamento diz "o que aquilo deveria ser".

Nem pense em julgar a si mesmo. Porque Deus não vai julgá-lo, jamais. Não, nem agora, nem nunca. Essa é a verdade por trás da verdade. Essa é a palavra que não pode ser dita. Essa é a blasfêmia das blasfêmias. Julgamento e Condenação estão entre as Dez Ilusões dos Humanos. Ambos simplesmente não são reais.

11. Abandone todas as expectativas.

Nada se constitui em obstáculo maior para a felicidade duradoura (ou, da mesma forma, para a felicidade imediata) do que as expectativas. Abandone-as neste momento e nunca mais as alimente, sobre qualquer pessoa ou coisa.

Esqueça a forma como você pensa que as coisas "deveriam" ser. No Universo não há "deveria". "Deveria" é uma construção humana, não tem nada a ver com a realidade absoluta. Saiba que as reviravoltas que nos afastam do caminho que pensávamos estar tomando não são, de maneira nenhuma, desvios, mas o caminho mais rápido entre onde estamos e onde queremos estar — do contrário não o estaríamos tomando.

Acredite que Deus sabe o que está fazendo. Saiba que a vida está sempre conspirando a seu favor. Entenda que a expectativa é apenas a sua idéia a respeito de alguma coisa, e que essa idéia não leva e não pode levar em consideração o complexo entremear das jornadas de vida empreendidas por todos nós, seqüencial e simultaneamente, na vivência co-criativa e coletiva da Única Alma, expressa por meio de Muitas.

Em outras palavras, há mais acontecendo aqui do que os olhos podem ver. Há mais de um plano. Trata-se de um objetivo único, mas de um processo múltiplo. Esteja sempre ciente disso, e você descobrirá que manter suas expectativas apenas cria problemas para o Plano Perfeito e para o desenrolar dele no palco da vida por *todos* os participantes.

O que estou dizendo é que as expectativas colocam um limite na maneira como você define perfeição e que esse limite sufoca sua criação da própria perfeição. Portanto, não espere nada e fique com seja lá o que for que você conseguir. Aceite seja lá o que for que surgir. Ame o que é.

Byron Katie escreveu um livro extraordinário alguns anos atrás chamado *Loving What Is* [Amando o que é].

12. Tenha compaixão por você mesmo.

Não se considere "errado" por qualquer experiência negativa com a qual você possa ser confrontado (mesmo se você sentir que "merece" isso, ou que você "provocou isso para si mesmo" — na verdade, *especialmente* se você se sente desse jeito). Tenha compaixão por você mesmo, e saiba que Deus lhe presenteou com o poder para mudar você mesmo, seus motivos, seus comportamentos, suas condições exteriores e sua própria vida, *no instante que se segue a este em que estamos.*

Lembre-se sempre de que você não é o seu passado. Você não é quem era ontem, nem mesmo um momento atrás. Deixe que cada novo dia, cada nova hora, cada novo momento marque um novo começo. Mesmo que seja o último momento da sua vida, não é tarde demais para declarar sua nova e mais sublime identidade, e para reivindicá-la.

O que estou dizendo é que a transformação é algo do momento presente, aberta e disponível para nós em todo e a qualquer tempo. A vida começa de outra forma quando você diz que é assim. Portanto, seja gentil consigo mesmo. Despeça-se gentilmente de seus (imaginados) erros, pontos fracos e defeitos e lembre-se sempre disto: Se você visse a si mesmo como Deus o vê, você riria muito.

13. Diga sua verdade assim que descobri-la.

A maior lição que aprendi em minha vida gira em torno da verdade. Não existe Verdade Absoluta no sentido objetivo, mas há a verdade subjetiva, há *o que é verdadeiro para você*, e isso é extraordinariamente importante em sua vida.

Procure viver de maneira autêntica, procure ser você completamente, porque é vivendo com apenas metade de você à mostra, apenas metade de você conhecida, apenas metade de você expressa, que a infelicidade está garantida.

Não esconda de ninguém a sua verdade pessoal, seus sentimentos autênticos, sua vivência aqui e agora — muito menos de seus entes mais queridos ou da pessoa amada.

Curiosamente, é deles que a gente esconde com mais freqüência. Em geral fazemos isso porque não queremos magoá-los. Ou, talvez, para não perdê-los.

Então nós os mantemos na dúvida, no escuro, sem contar a eles tudo o que é verdadeiro para nós. Isso é justamente o oposto do que mais nos beneficiaria fazer, no entanto vivemos como reclusos da expressão de nossos próprios sentimentos, esperanças, medos e desejos mais verdadeiros. E isso não é de forma alguma viver, isso é morrer.

A morte é lenta, mas é certa. E numa determinada manhã acordamos e simplesmente não nos sentimos mais vivos.

Então diga a sua verdade logo que descobri-la. Não pense que está poupando os sentimentos de outra pessoa ao ocultar ou sufocar a verdade. Um mestre maravilhoso uma vez me ensinou: Fale sua verdade, mas suavize suas palavras com uma dose de serenidade. Você pode compartilhar a mais difícil verdade gentilmente. Faça isso. Não pense que ao reter sua verdade você está poupando os outros da dor. Você não está. E é insincero e desonesto de sua parte fazer isso.

O que estou dizendo é que o caminho para ser mais feliz que Deus *é o caminho da verdade. Diga a verdade, para qualquer um a respeito de qualquer coisa, então viva a sua verdade, em todo momento e de todas as formas, e você será feliz para sempre em seu coração, porque a verdade faz o espírito se elevar, deixa a mente livre, abre o coração, desperta a paixão e libera o amor da alma.*

14. Observe as energias, capte a vibração.

Observe as energias à sua volta. Escute as energias. Sinta a vibração. Esses são os três níveis de recepção. Você pode receber energias vendo-as, escutando-as e sentindo-as.

A energia que você vê é chamada *luz.* A energia que você escuta é chamada *som.* A energia que você sente é chamada *sentimento.*

O sentimento é a linguagem da alma.

Preste atenção nas energias da vida. A todo momento você as está recebendo e enviando. Por acaso as energias que você está enviando estão ressoando com as energias que você está recebendo?

A Felicidade é o mais elevado estado de ressonância. Essas são notícias animadoras, porque isso significa que a felicidade não é algo que cai sobre nós vinda do céu, mas algo que podemos criar.

Para criar felicidade, basta que você crie ressonância entre o seu lado de dentro e o seu lado de fora. Por exemplo, você pode combinar a energia das roupas que veste com o seu humor de hoje. Na verdade você faz isso de forma automática. Você pode combinar a energia da comida que você come com a energia do seu corpo a qualquer momento.

Esses são exemplos simples. Aprenda a escutar você mesmo. Sinta a vibração de quem você é e então não faça nada e não se encontre com ninguém para tratar de algo importante se a vibração não combinar.

Não posso ir ao cinema, não posso escutar uma música, não posso comer uma comida ou vestir roupas ou até mesmo dizer *palavras* ou ter *pensamentos* com os quais eu não tenha ressonância.

Você pode *sentir* essas coisas. Você pode passar sua mão sobre a comida e realmente *sentir* se é boa para você neste exato momento. Você pode sentir pessoas, espaços, cores e... e *tudo*, basta prestar atenção. Preste atenção na sua vivência exterior e preste atenção na vivência interior. Certifique-se de que você está *em ressonância* com as pessoas, os lugares e as coisas à sua volta.

E *escute*. Apenas *escute*. Ouvir é uma grande arte. Você por acaso sabe que pode fazer as pessoas felizes apenas *escutando-as*? Você sabe que pode fazer você mesmo feliz escutando as outras pessoas? Escutar é uma das maneiras mais preciosas de se fazer amor. É um gesto rico em gratificação, rico em alegria.

Tente absorver tudo o que está acontecendo em seu espaço. Então veja se há uma correspondência. E procure escapulir do espaço se houver uma discrepância.

O que estou dizendo aqui é que quando você toma essa medida, tem muito mais chance de ser feliz. Você não precisa "concordar" de forma a poder "se dar bem". Preste atenção à energia, capte a vibração e se ela encontra ressonância com Quem Você É e com Quem Você Escolhe Ser, incorpore-se a isso e co-crie com isso. Mas se a energia e a vibração não estiverem sincronizadas com Quem Você É e com Quem Você Escolhe Ser, afaste-se. Não de maneira abrupta, rude, crítica, mas gentil, doce, suave, bondosa... e determinada. Não mude de idéia e diga: "Oh, bem, sou capaz de suportar isso..." Mude sua vivência.

Prestar atenção às energias e às vibrações da vida pode fazer com que você mude sua dieta, mude seus hábitos de leitura, mude aquilo que você assiste na TV e no cinema, mude o que você veste, a maneira como você fala... mude até mesmo as suas companhias habituais.

Receba essas mudanças de bom grado. Elas são os passos iniciais na jornada para a alegria.

15. Sorria.

Isso pode soar meio tolo, mas é um dos mais poderosos recursos com o qual eu já me deparei. Todos os dias, sorria cinco vezes sem qualquer motivo. E, sem sombra de dúvida, sorria amplamente e sem demora quando você tem uma razão.

Há algumas pessoas que nunca sorriem, ou raramente o fazem. Mesmo quando todos num ambiente estão rindo, elas não conseguem sorrir. Essas pessoas podem ser apenas tímidas, ou podem estar sofrendo profundamente. O que é importante saber, entretanto, é que sorrir pode curar ambos os estados. Sorrir não precisa ser apenas uma reação. Sorrir pode ser um ato calculado e intencional. Quando é assim, sorrir se torna um ato de criação e, portanto, uma arma poderosa.

Apresse-se em sorrir, e em compartilhar o seu sorriso com outros. Você vai alegrar o seu coração e o lugar onde está.

Muitos anos atrás eu me deparei com um livro espetacular, "Smile for No Good Reason" [Sorria sem qualquer motivo], de Lee L. Jampolsky:

O que estou dizendo é que você sorria mais! Um sorriso muda a vibração do seu corpo. Altera, psicologicamente, a química do seu ser. Libera endorfinas que têm efeitos benéficos à saúde. Você sabia disso? Experimente. É ciência médica e é real.

16. Cante.

Se você achou que *essa medida* soou piegas, espere até ouvir isto!

Cante.

Quero que você me prometa que vai cantar pelo menos uma vez por dia. Prometa. Isso vai mudar tudo. *Você não consegue cantar de mau humor.* E *você não consegue manter o mau humor quando canta.*

Cante no chuveiro todas as manhãs! Cante no carro! Cante suavemente no ouvido do seu amor. Cante em voz alta no parque. *Observe o lugar se iluminar*! *Observe os sorrisos aparecerem*! *Você acha que alguém consegue resistir a uma pessoa que está cantando? Você acha que o mundo consegue?*

Cantar conecta a mente com o coração e o coração com a alma. Então *cante.* Eu lanço esse desafio a você!

O que estou dizendo é que as ferramentas e mecanismos com os quais podemos criar a felicidade são tão simples, tão elegantemente simples. E estão bem diante de nós. Do que é que estamos falando? Dar. Observar. Ouvir. Sentir. Sorrir. Cantar. Meus Deus, isso não nos custa nada!

17. Saiba o que fazer quando as coisas estão realmente ruins.

É claro, há momentos em que as coisas estão mesmo ruins. Não há quantidade de pensamento positivo capaz de mudar isso. As coisas apenas são como são. Você não pode cobri-las por completo, não pode fingir, não pode torná-las algo diferente do que são.

O que fazer, o que fazer...

Em primeiro lugar, não resista ao que está acontecendo. Aquilo a que você resiste persiste. Isto vai soar estranho... mas abençoe o que está acontecendo. Abençoe todas as pessoas e acontecimentos que estão lhe decepcionando, que estão lhe importunando, que estão lhe atacando como flechas.

Aceite e receba a energia, porque só então você pode corrigi-la. Aquilo que você não aceita, não pode corrigir. Lembre-se sempre disso. Aquilo que você não aceita, não pode corrigir. Então você deve se deparar com sua vivência, aceitá-la, envolvê-la com uma bondade amorosa, abençoá-la e *então* mandar que siga seu caminho.

Em segundo lugar, lembre-se de que condições exteriores não podem criar condições interiores, jamais. Então, não importa o *quanto* as coisas fiquem ruins, o seu interior (seu coração, sua alma, sua mente) não pode ser afetado por aquilo que é exterior a você, a não ser que você decida que sim.

Você ainda está no comando de sua própria experiência.

Isso não é nenhum ideal utópico, totalmente inalcançável. Isso é algo que muitas pessoas já demonstraram ser acessível a todos os humanos. A lista daqueles que suportaram enorme sofrimento e grande dificuldade em suas vidas e ainda mantêm uma atitude pacífica de não-condenação, de não-ataque, faz parte da história e é longa demais para ser registrada aqui.

Elas são pessoas normais, pessoas comuns, exatamente como você e eu. Elas mantiveram seu equilíbrio em meio à dor física, ao dano emocional, à derrota pessoal e profissional e ainda mais.

Mencionei Nelson Mandela neste livro. Ele é só um exemplo do que estou falando. Christopher Reeve, o ator cuja carreira meteórica foi interrompida de forma brutal quando ele caiu de sua montaria durante uma apresentação hípica e acabou totalmente paralisado do pescoço para baixo, é outro. Há muitos mais. Como foi que eles fizeram isso?

De alguma forma, eles se recuperaram e encontraram a coragem dentro de si mesmos para continuar seguindo em frente em meio aos acontecimentos com os quais foram confrontados, para incluir esses acontecimentos de outra maneira em suas mentes e, assim, transformar e moldar sua vivência, tornando-a algo a partir do qual eles pudessem crescer — e até se *beneficiar*.

Minha própria experiência de vida (passei um ano sem ter onde morar, ao relento, como um "morador de rua", quando fui negligenciado pelo sistema de previdência social e fiquei reduzido, sem exagero, ao meu último centavo) me ensinou que o Universo é um lugar amigável, que Deus está sempre ao meu lado e que nunca estou sozinho ao enfrentar provações e turbulências.

Eu me tornei muito filosófico a respeito da própria vida. Digo a mim mesmo que todas as coisas acontecem para o bem supremo e acredito nisso. Faço duas orações que simplesmente amo. Minha primeira:

Querido Deus, hoje lhe agradeço por aquilo que está em meu mundo e em minha vida. Meu coração é confortado pela idéia de que ainda verei a dor transformar-se em alegria, o pesar em satisfação e até mesmo a morte em vida eterna.

Minha segunda:

Obrigado, Deus, por me ajudar a compreender que esse problema já foi resolvido para mim.

Isso pode soar como se eu fosse uma pessoa que sempre mantém a calma e posso garantir a você que não é o caso. Mas realmente sei que estou numa jornada, uma jornada que não tem nada a ver, no fim, com meu corpo, e tudo a ver com minha alma. E então continuo avançando na direção de Casa, compreendendo que cada passo do caminho me leva ao meu definitivo, absoluto e maravilhoso encontro com Deus, onde moram a paz, a alegria e o amor sem fim.

O que estou dizendo é que Deus está com você, até o final dos tempos. E quando você vivenciar em si mesmo o sempre presente amor de Deus, será mais feliz do que nunca.

CAPÍTULO 28

Você está criando uma revolução

Estamos no limiar do mais extraordinário e emocionante amanhã. É um futuro inimaginável, precisamente porque *não* foi sonhado até agora. É o sonhar com este futuro, justamente uma visualização dele em nossas mentes, que vai produzi-lo. Até agora, não havíamos chegado a um número suficiente de pessoas que tivessem essa visão para atraí-la à criação. Agora, tudo isso está mudando.

Uma enorme mudança está em andamento por toda a Terra. É uma mudança na forma como nos vemos, na maneira como vivenciamos a nós mesmos, na maneira como nos expressamos como seres capazes de sentir. É um movimento de afastamento do Velho Pensamento de que devemos fazer como foi dito por Aqueles que Estão no Comando, um movimento em direção a um Novo Pensamento de que *nós* somos Aqueles no Comando.

Este é o Movimento do Novo Pensamento, sobre o qual muito foi escrito. Esse movimento foi ridicularizado, foi alvo de zombarias, tratado com escárnio e marginalizado por anos. Agora está emergindo como o próximo grande salto evolucionário da humanidade.

O Movimento do Novo Pensamento é uma *nova maneira de pensar* a respeito de nós mesmos e a respeito dos outros, sobre a vida e sobre Deus. É uma nova maneira de *usar* nosso pensamento como uma ferramenta na criação da nossa realidade.

A humanidade nunca pensou nisso antes. Não a humanidade como um todo. Indivíduos pensaram, é claro. Ao longo da história existiu um punhado de gente, e mesmo alguns grupos seletos, que *pensaram em seus pensamentos* como a chave para seu futuro. Acontece que informações a respeito de como usar o poder do pensamento foram cuidadosamente mantidas, cuidadosamente guardadas e cuidadosamente controladas por pessoas de influência, de forma a não se espalharem pelas massas e não transferirem o equilíbrio do poder das mãos de poucos para as mãos de muitos.

Agora, nesses últimos cem anos mais ou menos (um piscar de olhos em termos da nossa história neste planeta), tudo isso vem mudando — e a mudança tem sido como uma bola de neve rolando montanha abaixo.

Eu disse anteriormente que nunca na história da humanidade o conhecimento a respeito do Processo de Criação Pessoal foi tão amplamente difundido. Agora quero acrescentar que a expansão desse conhecimento não se concluiu. Nossa compreensão coletiva disso, o conhecimento de nossa espécie a respeito disso, ainda está crescendo, e está crescendo de forma exponencial. A progressão não é 1-2-3-4-5. A progressão é 2-4-8-16-32. Quando ocorre tal taxa de transferência de informação, a *evolução* se torna *revolução*.

Isso é exatamente o que está acontecendo agora, bem diante dos nossos olhos.

Nós, que estamos vivos nesta época extraordinária, testemunhamos uma revolução na consciência da humanidade e em sua vivência de si própria. De fato, nós estamos criando isso.

Como já comentei em diversas ocasiões, os críticos daqueles que ensinam e usam a Criação Pessoal desacreditaram a maneira aparentemente egoísta de como o processo tem sido apregoado e praticado. Mas esses críticos simplesmente não têm paciência. *Todos* os grandes poderes que a humanidade descobriu e pôs em ação foram usados *a princípio* para propósitos menores, do fogo à fissão nuclear e ao poder do pensamento. É da natureza do próprio processo de evolução que as coisas caminhem do menor para o maior.

Indivíduos vão brincar com essa nova ferramenta por um tempo, alguns de fato usando-a para criar resultados estritamente em proveito próprio. Mas dê uma chance à humanidade. Pequenos ajustes individuais logo vão produzir a aplicação coletiva daquela que vai rapidamente ser reconhecida como a mais poderosa força já descoberta por seres capazes de sentir.

De fato, vai se tornar claro que isso é o que *significa* ser capaz de sentir. Afinal será compreendido que "capaz de sentir" se refere não apenas à faculdade através da qual o mundo externo é apreendido, *mas através da qual é criado.*

Não passará despercebido para a humanidade que o mais emocionante aspecto da Criação Pessoal é o que ela pode fazer por toda a raça humana. Filmes tais como *Quem somos nós?* e *O segredo*, livros como *A lei da atração* e como este que você tem nas mãos, nos enviaram uma mensagem a respeito de Quem Somos e de Como

Nosso Mundo Funciona. Essa mensagem nunca antes foi articulada de maneira tão clara nem foi tão amplamente disseminada.

Logo todos na Terra vão saber a respeito de cada um dos grandes Princípios da Vida, como funcionam, o propósito para o qual foram criados e o potencial que eles possuem para mudar o mundo.

E nesses dias o que vai acontecer é que nossa Divindade será revelada a nós *por* nós — e vivenciada por nós *através* de nós. E a Verdade Não Dita vai deixar de ser não dita.

E esse dia será de fato abençoado. Porque nesse dia todos nós deveremos ser...

...mais felizes que Deus.

Anexo

O que vem a seguir é um trecho do livro Comunhão com Deus, *que lista as* Dez Ilusões dos Humanos *e seu efeito em nossas vidas.*

O Criador pode ser vivenciado e encontrado dentro de você e de todos à sua volta. Mas você deve passar direto pelas Dez Ilusões dos Humanos. Você deve ignorá-las.

Aqui estão As Dez Ilusões. Procure conhecê-las bem, de forma a poder reconhecê-las quando se deparar com elas.

1. Necessidade Existe
2. Fracasso Existe
3. Desunião Existe
4. Insuficiência Existe
5. Exigência Existe
6. Julgamento Existe
7. Condenação Existe
8. Condicionalidade Existe
9. Superioridade Existe
10. Ignorância Existe

As cinco primeiras delas são as Ilusões Físicas, e têm a ver com a vida em seu corpo físico. As outras cinco são as Ilusões Metafísicas, que têm a ver com realidades não-físicas.

Essas são dez ilusões de grande impacto, que você cria durante a parte inicial da sua experiência na Terra. Há centenas de outras menores que você cria todos os dias. Por acreditar nelas, você criou uma *história cultural* que permitiu a você penetrar nessas Ilusões e torná-las reais.

Na verdade, você vem fazendo isso já há um bom tempo.

Uma história cultural é uma história que foi transmitida de uma geração para outra, ao longo de séculos e milênios. É a história que você conta a você mesmo a respeito de você mesmo.

Porque a sua história cultural é baseada em ilusões, ela produz mitos e não uma compreensão da realidade.

A História Cultural dos Humanos é esta...

1. Deus tem um plano. (*Necessidade Existe*)
2. O resultado da vida é duvidoso. (*Fracasso Existe*)
3. Você é separado de Deus. (*Desunião Existe*)
4. Não há o suficiente. (*Insuficiência Existe*)
5. Há algo que você deve fazer. (*Exigência Existe*)
6. Se você não fizer isso, você vai ser punido. (*Julgamento Existe*)
7. A punição é a danação eterna. (*Condenação Existe*)
8. O amor é, portanto, condicional. (*Condicionalidade Existe*)
9. Conhecer e satisfazer as condições torna você superior. (*Superioridade Existe*)
10. Você não sabe que estas são ilusões. (*Ignorância Existe*)

Essa história cultural foi de tal maneira estabelecida que você a vive total e completamente. Isso, vocês dizem uns aos outros, "é apenas como são as coisas".

Há muitos séculos vocês têm dito isso uns aos outros. Realmente milênios após milênios. De fato, por muito tempo, esses mitos cresceram em torno dessas ilusões e histórias. Alguns desses Mitos mais proeminentes foram reduzidos a conceitos, tais como...

- Seja feita a vossa vontade.
- Sobrevivência dos mais aptos.
- Ao vencedor, os despojos.
- Você nasceu em pecado original.
- O salário do pecado é a morte.
- Minha é a vingança, diz o Senhor.
- Ignorância é felicidade. O que você não sabe não o machucará.
- Só Deus sabe.

... e muitos outros, igualmente destrutivos e inúteis.

Baseados nessas ilusões, histórias e mitos — nenhum dos quais tem qualquer coisa a ver com a Realidade Absoluta — aqui está a maneira como muitos humanos vieram a pensar a respeito da vida:

"Nascemos num mundo hostil, governado por um Deus que deseja que façamos determinadas coisas e não deseja que façamos outras, e que vai nos punir com uma tortura interminável se não acertarmos.

"Nossa primeira vivência é a separação de nossa mãe, a origem de nossa vida. Isso estabelece o tom e cria o contexto para toda a nossa realidade, que vivenciamos ser uma realidade de separação da fonte de *toda* vida.

"Não somos apenas separados de toda vida, mas de tudo o mais *na* vida. Tudo o que há existe separado de nós e nós somos separados de tudo o mais que existe. Não queremos que as coisas sejam assim, mas é assim que as coisas são. Desejaríamos que fosse diferente e, de fato, nos empenhamos para que seja diferente.

"Procuramos vivenciar Unidade de novo com todas as coisas, e especialmente uns com os outros. Podemos não saber bem por que, no entanto isso parece quase instintivo. Parece a coisa certa a fazer. O único problema é que parece não haver suficiente do Outro para nos satisfazer. Não importa o que seja a Outra Coisa que desejamos, parece que nunca temos o suficiente.

"Sempre queremos mais amor, mais tempo, mais dinheiro, mais de seja lá o que for que precisemos a fim de nos sentirmos felizes e realizados. Basta acharmos que já temos o suficiente para logo decidirmos que queremos mais.

"Como 'não há o suficiente' de seja lá o que for que julguemos necessário para sermos felizes, precisamos 'fazer coisas' para conseguirmos o máximo que pudermos. Coisas são exigidas de nós para tudo o que temos de conseguir, do amor de Deus à dádiva natural da Vida. Simplesmente 'estar vivo' não é suficiente. Portanto NÓS, como toda a vida, *não somos suficientes*.

"Como apenas 'ser' não é suficiente, há coisas que temos de fazer. Aqueles que fazem 'a coisa certa' conseguem ter o que precisam para serem felizes. Se você não faz a coisa certa da maneira certa, você não consegue 'vencer'. Assim, a competição começa. 'Não há o suficiente' lá fora e, então, temos de competir pelo que há.

"Temos de competir por tudo, *inclusive Deus.*

"Essa competição é dura. Diz respeito à nossa própria sobrevivência. Nesse contexto, apenas os aptos sobrevivem. Apenas ao vencedor vão os despojos. Se você é um perdedor, você vive um inferno na Terra, depois de morrer, se você perde a competição por Deus, vivencia o inferno novamente — dessa vez para sempre.

"A morte foi na verdade criada por Deus porque nossos antepassados fizeram as escolhas erradas. Adão e Eva tinham vida eterna no Jardim do Éden, mas Eva comeu a fruta da árvore do Conhecimento do Bem e do Mal e ela e Adão foram expulsos do jardim por um Deus zangado, que os sentenciou — *e a toda a sua prole para todo o sempre* — à morte como A Primeira Punição. Desse momento em diante a vida no corpo seria limitada e não mais eterna, e da mesma forma a *substância* da vida.

"No entanto, Deus vai nos devolver nossa vida eterna se nunca mais desobedecermos às leis Dele. O amor de Deus é incondicional; apenas as recompensas de Deus é que não são. Deus nos ama, mesmo quando nos condena à danação eterna. Dói mais nele do que em nós, porque Ele realmente quer que voltemos para casa, mas Ele não pode fazer nada se nós nos comportamos mal. A escolha é nossa.

"O truque é, portanto, não se comportar mal. Precisamos viver uma boa vida. Devemos nos empenhar para tanto. A fim de fazer isso, precisamos saber a verdade a respeito do que Deus quer e do que não quer de nós. Não podemos agradar a Deus, não podemos evitar ofendê-lo, se não sabemos distinguir o Certo do Errado. Então devemos saber a Verdade a esse respeito.

"A Verdade é simples de ser compreendida e fácil de se conhecer. Tudo o que temos de fazer é ouvir os profetas, os professores, os sábios, a fonte e fundador da nossa religião. Se há mais de uma religião e, portanto, mais de uma origem e um fundador, então temos de nos certificar de que estamos escolhendo A Certa. Escolher A Errada poderia resultar em sermos um Perdedor.

"Quando escolhemos A Certa, somos superiores, somos melhores do que nossos colegas, porque temos A Verdade ao nosso lado. Esse estado de ser 'melhor' nos permite reivindicar a maior parte dos outros prêmios na competição, sem na verdade disputá-los. Podemos nos declarar vencedores *antes do início da competição*. É graças a essa consciência que damos a nós mesmos todas as vantagens e escrevemos as Regras da Vida de tal maneira que determinadas pessoas acham quase impossível ganhar os prêmios realmente grandes.

"Não fazemos isso por maldade, mas apenas para nos assegurarmos de que nossa vitória está garantida — como deve ser, já que os que sabem A Verdade são aqueles da nossa religião, da nossa nacionalidade, da nossa raça, do nosso sexo e da nossa convicção política e que, portanto, merecem ser Vencedores.

"Como merecemos vencer, temos o direito de ameaçar os outros, lutar com eles e matá-los, se necessário, de forma a produzir esse resultado.

"Pode haver outra maneira de viver, outra coisa que Deus tenha em mente, outra Verdade maior, mas se há, nós não a conhecemos. De fato, não está claro nem mesmo se *deveríamos* conhecê-la. É possível que nós não devamos nem mesmo tentar conhecê-la, quanto menos verdadeiramente conhecer e entender Deus. Tentar é ser presunçoso, e declarar que você conseguiu é blasfemar.

"Deus é o Conhecedor Desconhecido, o Agente de Mudança Imutável, o Grande Invisível. Portanto, não podemos saber a verdade *que se espera que saibamos*, a fim de satisfazer as condições *que se espera que satisfaçamos*, a fim de receber o amor *que se espera que recebamos*, a fim de evitar a condenação *que estamos procurando evitar*, a fim de ter a vida eterna *que possuíamos antes de tudo isso começar*.

"Nossa ignorância é lamentável, mas não deve representar um problema. Tudo o que precisamos fazer é pegar o que achamos que *realmente* sabemos — nossa história cultural — como certeza, e agir de acordo. Isso tentamos fazer, cada um ou uma, de acordo com as nossas crenças, a partir das quais produzimos a vida que vivemos agora e a realidade que estamos criando na Terra.

"É assim que a maior parte da raça humana se estrutura. Cada um de vocês tem suas pequenas variações, mas isso é, em essência, como vocês vivem suas vidas, justificam suas escolhas e racionalizam seus resultados.

"Alguns de vocês não aceitam tudo isso, no entanto todos aceitam alguma parte. E vocês aceitam essas afirmações como a Realidade Operante, não porque refletem sua sabedoria mais íntima, *mas porque alguém contou que elas são verdadeiras.*

"Em certa medida, você teve de fazer você mesmo acreditar nelas.

"Isso se chama Faz de Conta."

Nada disso é real.

— *Comunhão com Deus*
De Neale Donald Walsch
Putnam, 2000

Este livro foi composto em Minion 10,5/15,2
e impresso pela Ediouro Gráfica sobre papel
pólen soft 80g para a Agir em 2009.